Berend Jager

Das intuitive Kind

Berend Jager

Das intuitive Kind

AURUM VERLAG

Die niederländische Originalausgabe erschien unter dem Titel „Het intuitieve kind in het Aquarius-tijdperk“ im Verlag Ankh-Hermes, Deventer.

Ins Deutsche übersetzt von Annemarie Endeveld

Umschlaggestaltung: Thomas Schröder
Titelfoto: TONY STONE Bilderwelten

Die Deutsche Bibliothek – CIP-Einheitsaufnahme

Jager, Berend:
Das intuitive Kind / Berend Jager. (Ins Dt. übers. von Annemarie Endeveld). – 2. Aufl. – Braunschweig : Aurum, 2001
Einheitssacht.: Het intuitieve Kind in het Aquarius-tijdperk.
ISBN 3-591-08444-1

1. Auflage 1999
2. Auflage 2001
ISBN 3-591-08444-1

Gesamtherstellung. Westermann Druck Zwickau GmbH

Inhalt

Komm näher, komm näher,
sacht und auf Zehenspitzen,
leise wie eine Maus.
Laß dich zu mir ziehen,
langsam,
denn niemanden schrecken wollen wir
und keinen Staub aufwirbeln.

Komm näher, komm näher,
unsichtbar,
frei von allem Bösen.
Nichts Böses wirst du sehen,
nichts Böses wirst du sprechen.
Nur Reines kann zu mir kommen.
Nicht straucheln darfst du
über Spuren auch nur von Unreinem.

Komm näher, komm näher,
folge der Regung deines Herzens.
Laß es in mich überfließen,
die Kluft überbrücken,
die zwischen uns klafft.
Ein einziges überströmendes Herz werden
wir sein,
groß genug, um das Universum zu fassen.
Sei Teil meines Herzens,
Blut von meinem Blut,
sei mein Kind.

Aus: Dorothy McLean: „Du kannst mit Engeln sprechen"

Mit schwindelerregender Schnelligkeit
kehrt die Seele zur Erde zurück.
Im dichter werdenden Dunkel
sucht sie vergeblich ihr Licht.

Der ruhige Herzschlag
und die Wärme der Mutter
werden langsam vertraut.

Doch schließlich wird sie ausgestoßen,
und die dunkle Welt umfängt sie
in wachsendem Chaos.

Sie weint,
bebend und verzweifelt.

Ich seh es geschehen,
schau fassungslos zu.

Berend Jager

Die Zukunft gehört denen, die reinen Herzens sind.

Vorwort

Heutzutage kommt es immer häufiger vor, daß Eltern und Lehrkräfte verblüfft sind über die weisen Äußerungen und oft rätselhaften Bemerkungen kleiner Kinder. Dieselben Erzieher werden allerdings auch oft zur Verzweiflung getrieben durch das „unangepaßte" Verhalten dieser Kinder, die zum Beispiel bestimmte Nahrungsmittel verweigern und sich nicht in das Unterrichtssystem einfügen wollen. Viele Eltern sind sich nicht bewußt, daß ein Kind eines neuen Zeitalters Einzug in ihre Familie gehalten hat, ein Kind mit einem Bewußtsein anderer Art, bei dem Intuition eine wesentliche Rolle spielt. Das abweichende Verhalten wird dann nur zu gern als anormal betrachtet – mit allen leidigen Folgen.

Ich möchte in diesem Buch das Bewußtsein und die Wahrnehmung dieser Kinder beschreiben und deutlich machen, wodurch sich die „Kinder des neuen Zeitalters" von anderen unterscheiden. Denn versteht man ein Verhalten, das einem auf den ersten Blick befremdlich vorkommt, wird man anders handeln, als wenn man ihm gänzlich verständnislos gegenübersteht.

In Gesprächen, die ich mit Erziehern, Lehrern und Eltern über dieses Thema geführt habe, tauchte bisweilen die Frage auf, ob man mit dem Begriff „Kind eines neuen Zeitalters" nicht riskiere, zu stigmatisieren oder vielleicht sogar zu diskriminieren. Wird mit diesem Begriff denn nicht angedeutet, daß es sich hier um eine Gruppe besonderer Kinder handelt? Und leisten wir nicht der Überheblichkeit Vorschub, wenn wir eine Gruppe Kinder nach bestimmten Eigenschaften und Verhaltensmerkmalen von anderen Kindern unterscheiden? Ich denke nicht, daß dies der Fall ist. Im Prinzip sind natürlich alle Kinder dieser Zeit Kinder eines neuen Zeitalters. Doch manch ein Mensch ist nun mal weiter in seiner Entwicklung als manch ein anderer, und es gibt nun einmal Bewußtseinsabstufungen. Es ist einfach nicht zu leugnen, daß es Unterschiede zwischen Menschen gibt. Häufig wird der Begriff Bewußtsein mit Intelligenz gleichgesetzt, und zwar mit Intelligenz im Sinne von Verstand. Es gibt aber auch soziale, emotionale, intuitive und spirituelle Intelligenz. Das Bewußtsein zeichnet sich ja gerade durch seine breite Skala von Ausdrucksmöglichkeiten aus. Davor sollten wir unsere Augen nicht verschließen. Wir müssen vor allem offen sein, wenn wir uns mit Kindern beschäftigen, die sich durch bestimmte spezifische Eigenschaften und Verhaltensäußerungen von anderen unterscheiden. Gerade weil diese Kinder oft nicht verstanden werden und durch ihre Art zu handeln und zu reden ihre Erzieher zur Verzweiflung bringen, ist es dringend nötig, sich offen und ehrlich mit ihnen auseinanderzusetzen. Gerade weil sie oft große Probleme haben, ist es dringend nötig, Verständnis für diese Kinder zu wecken.

Ich bin oft gefragt worden, ob über das „Phänomen Kinder eines neuen Zeitalters“ wissenschaftliche Untersuchungen durchgeführt worden sind, ob zum Beispiel statistisch festgelegt worden ist, aufgrund welcher Kriterien man von einem „Kind des neuen Zeitalters“ sprechen kann. Meines Wissens haben keine wissenschaftlichen Studien stattgefunden. Und meiner Meinung nach wären solche Untersuchungen auch sehr schwierig durchzuführen. Man könnte die grundlegende Haltung dieser Kinder als sozial und intuitiv beschreiben. Wie aber sollte man Weisheit und intuitives Einfühlungsvermögen messen können? Und wie die Liebe zu den Mitmenschen? Wer sich die Mühe macht, mit Kindern unserer Zeit zu reden, wer ihre Worte und ihr Tun und Lassen aufmerksam verfolgt, wer mit ihren Erziehern und Therapeuten spricht, wird schnell zu der Erkenntnis kommen, daß das „Kind des neuen Zeitalters“ keine Fiktion ist sondern Realität. Es hat sich gezeigt, daß Gespräche mit Eltern über dieses Thema oft ein Aha-Erlebnis auslösen. So sagte eine Mutter einmal: „Nun passen auf einmal eine ganze Menge Puzzlestückchen zusammen."

Dieses Buch ist folgendermaßen aufgebaut: In der Einführung versuche ich, dem Menschen des neuen Zeitalters einen Platz im Rahmen der Entwicklungen unserer Zeit zu geben. Wer sich nicht so sehr für diesen esoterisch-astrologischen Hintergrund interessiert, kann das Einführungskapitel auch überschlagen. In den ersten fünf Kapiteln befasse ich mich mit dem Bewußtsein und der Wahrnehmung von Kindern. Ich versuche, das Problem vom Gesichtspunkt des Geistes her anzugehen und erörtere Fragen wie zum Beispiel: Wie ist es möglich, daß der sich entwickelnde Foetus bereits über ein Bewußtsein verfügt? Wie ist die Wahrnehmung von kleinen Kindern? Was versteht man unter Phantasiefreunden und Phantasiefeinden? Was sind geistige Begleiter oder Lehrer? Gibt es unsichtbare Kräfte, die das Kind bedrohen könnten? Sind Naturwesen real, und wenn ja, welche Rolle spielen sie?

Im sechsten und siebten Kapitel gehe ich auf die Frage ein, woher die Kinder des neuen Zeitalters kommen, wie sie zu erkennen sind und welche Verhaltensprobleme sie haben. In Kapitel acht schließlich befasse ich mich mit dem Problem, inwieweit der Unterricht sich auf die neuen Entwicklungen einspielen könnte und sollte.

Danken möchte ich Marianne Langemeyer und Carla Muijsert von der Platform Nieuwetijdskinderen (Plattform für die Kinder des neuen Zeitalters), Marijke Sluijter von der Stichting Holistische Opvoeding (Stiftung für ganzheitliche Erziehung), der Edu-Kinesiologin Winnie Siekman und meiner Frau Biny van der Velde für ihre wertvollen Kommentare.

Einleitung

Unterwegs zu einem veränderten Bewußtsein

Im Bewußtsein der Kinder, die in der heutigen Zeit geboren werden, hat ein Wandel stattgefunden. Das trifft übrigens nicht nur für Kinder zu, auch viele Erwachsene, die offen sind für die Zeichen dieser Zeit, machen einen Bewußtseinswandel durch. Das kann ganz allmählich geschehen oder mit deutlichen Erschütterungen verbunden sein.

Das scheinen kühne Behauptungen, wenn man zum ersten Mal damit konfrontiert wird. Doch wer sich die Mühe macht, aufmerksam anzuhören, was noch sehr kleine Kinder zuweilen von sich geben, kommt oft aus dem Staunen nicht mehr heraus. In Grundschulen und Kindergärten stellen Lehrer und Erzieher fest, daß die Kinder immer freier und eigenwilliger in ihren Äußerungen werden. Die Betreuerin einer Gruppe von Fünfjährigen in einem Kindergarten sagte mir vor kurzem: „Ich weiß nicht, woran es liegt, aber wenn ich das Verhalten der heutigen Kinder vergleiche mit dem der Kinder vor zehn Jahren, merke ich, daß sich viel verändert. Sie sind schwieriger zu fassen und manchmal bekomme ich Äußerungen zu hören, die man von einem Kind in diesem Alter niemals erwarten würde."

In diesem Buch will ich mich mit den Kindern befassen, die ich als die „Kinder des neuen Zeitalters" bezeichne. Es scheint mir jedoch sinnvoll, auch auf die Hintergründe dieses Phänomens einzugehen. Ich stütze mich dabei auf Aussagen von Astrologen und Esoterikern.

Wir stehen am Übergang zum Wassermannzeitalter. Der Begriff „Wassermannzeitalter" kommt aus der Astrologie. Die Tag- und Nachtgleiche, die mit dem Frühlingsanfang am 21. März zusammenfällt, ist im Begriff, vom Sternbild Fische in das Sternbild Wassermann zu wandern. Das bedeutet, daß der Frühlingspunkt in das Sternzeichen Wassermann übergeht und dort ungefähr 2160 Jahre, ein sogenanntes Erdzeitalter (ein Zwölftel des Präzessionszyklus der Erde) lang bleibt, abgesehen von kleinen jährlichen Verschiebungen des Punktes, an dem die Sonne innerhalb des Sternbilds über dem Horizont erscheint.

Ein neuer Menschentypus

Jedes Zeitalter zeichnet sich durch einen dominanten Menschentyp mit bestimmten psychischen Eigenschaften aus, der weitreichenden Einfluß auf alle nur denkbaren Entwicklungen auf der Erde hat.

Nach Aussagen der Astrologen wird im kommenden Zeitalter ein neuer Menschentyp dominieren, der anders denkt und anders fühlt als der Mensch, der im auslaufenden Fischezeitalter lebt und arbeitet.

Die Auffassungen der Astrologen werden von seiten der Esoteriker bestätigt.

Es gibt einen deutlichen Zusammenhang zwischen dem Zustand dieser Welt und der kosmischen Reaktion auf diesen Zustand. Und Menschen, die ein intuitives Wahrnehmungsvermögen entwickelt haben, sind imstande, kosmische Schwingungen zu empfangen. Die Folge davon ist ein allmählicher Wandel in der Art ihres Umgangs mit Mitmensch und Umwelt.

Dieser empfindsame Mensch ist aber auch extrem verletzlich. Die Veränderungen, die sich in ihm vollziehen, können bewirken, daß er eine Zeitlang völlig aus dem Gleichgewicht gerät. Er ist dann depressiv und leidet möglicherweise unter existentiellen Ängsten, die sein Wohlbefinden schwer beeinträchtigen. Auf einem höheren Schwingungsniveau zu funktionieren erfordert eine nicht zu unterschätzende Anpassungsleistung, und zwar sowohl des physischen Menschen (des Körpers) als auch seiner feineren Strukturen (Geist und Seele).

Doch nicht nur der Mensch, sondern auch andere Existenzformen reagieren auf die erhöhten kosmischen Schwingungen, zum Beispiel unser Planet Erde. Daher erwarten einige, daß die auftretenden Veränderungen von schweren Katastrophen begleitet sind.

Geistige Erneuerung

Die Tatsache, daß immer mehr Menschen offen sind für geistige Erneuerung, zeigt, daß wir auf kosmische Schwingungen reagieren. Allerdings ist das Streben nach geistiger Reife bei vielen noch nicht über das Stadium des Suchens hinausgekommen. Das beweisen die zahlreichen Kurse, Workshops, Gesprächs- und Meditationsgruppen, die auf geistiges Wachstum abzielen, und – nicht zu vergessen – die Unmengen von Büchern, in denen ebenso eifrig nach Methoden zur Bewußtseinserweiterung wie nach Bestätigung des eigenen Standpunkts gesucht wird. An letzterem ist übrigens nichts auszusetzen. Wer dabei ist, die ihm eigenen intuitiven Anlagen zu entwickeln, hat natürlicherweise das Bedürfnis, seinen oft erst vage bewußten Standpunkt mit dem anderer zu vergleichen.

Die Kirchen werden immer leerer, was keineswegs bedeutet, daß die Religiosität der ehemaligen Kirchgänger auf dem Tiefpunkt angekommen ist. Viele von ihnen entwickeln eine tiefere Weisheit. Menschen, die wenig Gespür für die spirituellen Veränderungen des neuen Zeitalters haben, reagieren oft mißbilligend auf die Tatsache, daß sich die Wahrheitssucher in so unterschiedliche Gruppen auffächern. Jeder schafft sich seine eigene kleine Welt, am liebsten mit einem eigenen Gott, lautet ihr Kommentar. Dabei übersehen sie jedoch, daß gerade die Suche nach eigenen Erkenntnissen ein spezifisches Merkmal des neuen Zeitalters ist.

Das Wassermannzeitalter

Im vergangenen Fischezeitalter wurde großer Wert auf das rationale Denken gelegt. Das ist bei vielen Menschen auch heute noch so. Vor allem in den letzten drei Jahrhunderten führte diese Denkweise zu einer deutlichen Überbewertung des Intellekts. Sie kommt am deutlichsten zum Ausdruck in dem mechanistischen Weltbild, das die Existenz einer Seele verneint und davon ausgeht, daß alle Aktivität in zuvor berechenbaren Prozessen abläuft. Dieses rationale Denken ist tief verwurzelt. Wissenschaft und Unterrichtswesen sind noch immer davon durchzogen, und ein enormer Umschwung in unserem Denken wird notwendig sein, wenn sich daran etwas ändern soll.

Das Wassermannzeitalter macht uns mit einer anderen Seinsform bekannt. Gegenwärtig leben wir in einer Übergangszeit, in der dessen eminenteste Wesenszüge erst sporadisch auftreten. Doch erste Anzeichen sind bereits deutlich erkennbar. Der Mensch des Wassermannzeitalters bildet sich seine eigene Meinung. Was seine Lebensanschauungen betrifft, vertraut er seinen eigenen Gedanken und Gefühlen, die meist auf Intuition beruhen. Bei allem intuitiv Erfaßten fließen Intellekt und Gefühl auf einem höheren Niveau zusammen, so daß sie aus einer irrealen Quelle zu kommen scheinen. Der typische Mensch des Wassermannzeitalters mißtraut jeder Autoriät, auch jener der Kirche, und ganz besonders dann, wenn er die kirchlichen Dogmen nicht intuitiv unterschreiben kann. Für ihn muß die Lehre Teil seiner persönlichen Erfahrung sein.

Zur Entwicklung des intuitiven Denkens gehört auch die Zunahme paranormaler Fähigkeiten. Diese sind im übrigen von anderer Art als die in der Vergangenheit entwickelten. Auch Tiere haben paranormale Fähigkeiten, und in grauer Vorzeit, als sich die Menschheit noch auf einem primitiven Entwicklungsniveau befand, hatte jeder Mensch derartige Gaben. Mit dem Zunehmen der geistigen Fähigkeiten wurden sie jedoch allmählich in den Hintergrund gedrängt. In unserer Zeit kehren sie zurück, aber auf einer höheren Entwicklungsstufe. Sie sind nicht tierisch und ungerichtet, sondern beherrscht, nicht automatisch, sondern werden intelligent angewendet, nicht unbewußt medial, sondern bewußt vermittelnd.

Daß der Mensch sein Augenmerk in zunehmendem Maße auf das Wohlergehen seiner Mitmenschen richtet, ist ein weiteres Kennzeichen des Wassermannzeitalters. Indirekt paßt das gegenwärtige Streben nach immer mehr Gemeinschaft in Europa sehr gut in diesen Zusammenhang. Das trifft auch zu für die Gründung der Vereinten Nationen und der daraus entstandenen Unterorganisationen, etwa dem Weltkinderhilfswerk. Diese Sozialisierung bedeutet, daß die eigenen kleinen Interessen losgelassen werden, auch auf nationaler Ebene. Sie bedeutet, daß statt dessen global gedacht wird. Alle Organisationen, die der Welt dienen, wie Greenpeace, Ärzte ohne Grenzen, Foster Parentsplan und viele andere mehr, entsprechen dem Bild des neuen Menschen.

Es ist eine auffallende Erscheinung, daß viele Entwicklungen der Kommunikationstechnik die Möglichkeit unterstützen, global zu denken und zu handeln. Ein gängiges Klischee besagt, daß die Welt immer kleiner wird. Tatsache ist, daß uns immer bewußter wird, was auf der Welt vor sich geht. Radio und Fernsehen bringen uns das Weltgeschehen unmittelbar ins Haus, und via Internet sind wir imstande, mit der ganzen Welt zu kommunizieren. Auf diese Weise fördert die Technik einen Wandel in der menschlichen Psyche.

Stromschnellen

Ich habe soeben die These aufgestellt, daß die Erde und ihre Bewohner, soweit sie dafür sensibel sind, höhere Schwingungen aus dem Kosmos empfangen, wodurch bestimmte Entwicklungen aktiviert werden. Viele Menschen geraten dadurch sozusagen in eine Stromschnelle oder in einen Sog, der sie schnell nach vorn bringt, aber für viele bringt das auch die Gefahr des Abdriftens mit sich. Alice Bailey schreibt in *Die geistige Hierarchie tritt in Erscheinung*: „Der Energiestrom, der von der astralen und (in geringerem Ausmaß) von der mentalen Ebene nach unten gelangt, kommt in Berührung mit dem Körper, der zunächst nicht reagiert und dann überstimuliert wird. Die Energie strömt in Gehirnzellen, die bis dahin brachlagen und daher nicht an den kräftigen Rhythmus gewöhnt sind, der ihnen nun aufgezwungen wird. Auch verfügt die Menschheit über so geringe Kenntnisse, daß die Mehrheit nicht genügend gesunden Menschenverstand hat, um zu begreifen, daß nur vorsichtiges Voranschreiten und damit langsames Wachstum möglich ist."

Die Überstimulierung verursacht Unausgeglichenheit, die sich in Depressionen, Drogenmißbrauch und agressivem Verhalten äußert. Sie kann ebenso zur Folge haben, daß der unreife Mensch, der mit den neuen Energien in Berührung kommt, diese für unsaubere und egoistische Ziele einsetzt, etwa um seine eigene Position zu verbessern. Zahllose alternative Institutionen und Kursanbieter reiten auf der neuen Welle und mißbrauchen sie zu ihrem persönlichen Vorteil. Häufig gehören sie selbst zur Gruppe der psychisch Labilen und versprechen dem arglos Suchenden leuchtende Wege zu einem höheren Bewußtsein.

Das ist die Kehrseite einer Entwicklung, die an sich glänzende Perspektiven bietet. Bisher unerreichbare Quellen der Inspiration werden unter dem Einfluß bewußt wahrgenommener kosmischer Kräfte leichter zugänglich. Es ist nun möglich, höhere Wesensmerkmale zu stimulieren, die im Menschen schlummern, und der richtige Gebrauch der Chakraenergien kann sich nun in seinem eigenen Tempo entwickeln.

Wird die Welt schlechter?

Bei diesen Veränderungen spielt noch etwas anderes eine Rolle: Je stärker sich die positiven Kräfte entwickeln, desto mehr werden auch die negativen wirksam. So entsteht zuweilen der Eindruck, daß die Welt immer schlechter wird. Wir beobachten Gleichgültigkeit, Egoismus, zunehmende Kriminalität und Gewalt. Wir müssen mit ansehen, wie Völker einander hinschlachten. Machtgier und Machtgenuß scheinen dominierende Merkmale einer düsteren, triebhaften Welt zu sein. Wir dürfen unsere Augen nicht vor diesen Phänomenen verschließen. Die Kluft zwischen den Menschen, die das Gute anstreben, und denen, die bewußt oder unbewußt das Böse suchen, wird sich noch vergrößern. Um die neuen kosmischen Impulse in positive Bahnen zu lenken, wird die Menschheit starke Persönlichkeiten brauchen, die zu tiefer Weisheit und umfassender Liebe fähig sind und den Suchenden als leuchtendes Beispiel vorangehen können.

Die Kinder des neuen Zeitalters

Von diesen starken Persönlichkeiten werden in unserer Zeit sehr viele geboren. Sie sind dem Aufruf gefolgt, der Menschheit in der schweren

Zeit, die vor ihr liegt, zu Hilfe zu kommen. Es wäre angemessen, ihr Kommen als einen Akt der aufopfernden Liebe zu bezeichnen, denn sie kommen von hohen Entwicklungsebenen. Sie wissen sich geführt von hohen Geistwesen, die es auf sich genommen haben, der Menschheit zu helfen, und deren Ausstrahlung sich in zunehmendem Maße auf der Erde manifestieren wird. Gemeint ist hiermit eine geistige Hierarchie, zu der auch die Engel gehören.

Phoebe Lauren schreibt in ihrem Buch *Worden wie je werkelijk bent* (Werden, was du bist) über ihre Kontakte mit Engeln. An einer Stelle sagt der Engel zu ihr: „Du bist auf die Erde gekommen mit einer einzigen Absicht, nämlich Licht in die Dunkelheit zu bringen. Das ist deine einzige Funktion. Weiter gibt es nichts für dich zu tun. Du brauchst nur diese Tatsache zu erfassen und nach ihr zu leben, solange du auf der Erde bist. Von dem Augenblick an, da man dies erkennt, ist man auf dem Weg nach Hause. Liebe existiert auf den anderen Ebenen. Licht ist es, was man braucht, um die Heimreise antreten zu können.

Wenn du erkannt hast, daß du eine Lichtbringerin bist, mußt du aufstehen und dich zu deiner Verantwortung bekennen. Mit jedem Lichtbringer, der sich seiner Mission bewußt wird und aufsteht, kommt die Menschheit ihrem Aufstieg in die vierte Dimension ein Stückchen näher. Ihr habt die Aufgabe, Licht auf die Erde zu bringen, und je besser ihr diese Aufgabe erfüllt, desto höher werden die Schwingungen, die die Erde umgeben. Das bedeutet, daß die Dichte geringer wird. Wenn sich dieser Prozeß fortsetzt, können Schwingungen aus anderen Dimensionen tiefer in die irdische Sphäre eindringen. Die Menschen und der Planet Erde sind untrennbar miteinander verbunden. In dem Maße, in dem sich eure Schwingungen erhöhen, reagieren die Schwingungen der Erde und stellen sich auf die euren ein. Das erklärt, warum es auf der materiellen Ebene zu so vielen Verschiebungen kommt."

Ein Netzwerk von Kräften

Starke kosmische Wesen schaffen und fördern ein Netzwerk geistiger Kräfte auf der Erde. Ähnlich wie die Nadis und Chakras, die für ein reibungsloses Funktionieren des feinstofflichen Körpers sorgen und die Verbindung zu höheren Energien herstellen, wird auch dieses Netzwerk Einfluß auf die Menschheit haben. Dadurch wird eine „geistige Gemeinschaft" entstehen, die stark genug ist, um die negativen Kräfte im Zaum zu halten. Es ist ein tröstlicher Gedanke, daß die Menschheit Unterstützung und Führung von höheren Ebenen bekommt.

Es besteht also ein direkter Zusammenhang zwischen dem Beginn des neuen Zeitalters und der Tatsache, daß in der heutigen Zeit (nach Aussagen von Astrologen eigentlich schon seit den fünfziger Jahren, aber inzwischen häufiger) Kinder geboren werden, die ein anderes Bewußtsein und daher auch eine andere Lebenseinstellung haben, als man bisher gewöhnt war. Wir bezeichnen alle Kinder dieser Zeit als Kinder des neuen Zeitalters, aber längst nicht alle sind sich dieses Entwicklungsprozesses in gleichem Maße bewußt. Es gibt Bewußtseinsabstufungen, da die Menschen unterschiedlich weit auf ihrem langen Evolutionsweg vorangekommen sind.

1 Hat das ungeborene Ki Bewußtsein?

Ein Kind liegt in der Wiege. Es ist eben erst geboren. Neun Monate lang wuchs und entwikkelte es sich im Verborgenen. Und nun liegt es da, sichtbar für jeden. Die Geburt ist ein Wunder, der Wachstumsprozeß in der Geborgenheit der Gebärmutter ein noch größeres. Aus der einen Eizelle, die sich mit einer Samenzelle vereinigt hat, ist dieser kleine Körper entstanden. Aber da ist nicht nur dieser kleine Körper. Das Kind gibt Laute von sich, es bewegt sich – es lebt.

Hat es ein Bewußtsein? Freunde und Familienmitglieder, die sich gerührt über das Kind beugen, um zu sehen, ob es die Augen vom Vater oder von der Mutter hat, gehen im allgemeinen davon aus, daß diese Augen leer sind. Das Kleine hat doch schließlich noch keine Erfahrungen gesammelt. Es ist eben erst zur Welt gekommen. Die Nabelschnur ist durchtrennt, und damit ist auch die körperliche Verbindung zur Mutter gelöst. So verletzlich dieses neue Leben noch sein mag, das Durchtrennen der Nabelschnur war auch eine symbolische Handlung. Aus dem Foetus ist ein Individuum geworden, eine eigenständige kleine Person. Von nun an wird das Kind Erfahrungen sammeln. Es wird sich immer besser in der Welt orientieren lernen und sich damit dieser Welt und seiner selbst immer bewußter werden.

Doch was ist Leben? Was ist Bewußtsein? Stimmt es, daß das „wirkliche" Leben erst mit der Geburt beginnt und sich erst von diesem Moment an ein Bewußtsein entwickelt?

So manchen, der ein Neugeborenes auf den Arm nimmt und ihm in die Augen blickt, überkommt ein eigenartiges Gefühl. Der Blick, den das Kleine auf sein Gegenüber richtet, ist keineswegs leer. Oft hat man den Eindruck, in die unbefangenen Augen eines Menschen mit ungewöhnlich reicher Lebenserfahrung zu blikken. Aber das ist natürlich nicht möglich! Wo hätte das kleine Wesen diese Lebenserfahrung denn sammeln können? Wer mit einem solch weisen Blick konfrontiert wird, reagiert deshalb oft geschockt. Mit dem Kind im Arm schaut der Erwachsene beunruhigt weg und fragt sich, wie es denn sein kann, daß dieses Kleine Bewußtsein hat. Wessen ist es sich bewußt? Wie ist es möglich, daß soviel Lebenserfahrung in seinem Blick liegt?

Körperliche Entwicklung und Reaktionen

Die Entwicklung des Foetus ist gründlich erforscht worden. Die Gynäkologen wissen, wann bestimmte Reaktionen zu erwarten sind, wann das Kind lebensfähig ist, zu welchem Zeitpunkt sich welche Organe entwickeln und wann ihre Entwicklung abgeschlossen ist.

In der Medizin legt man im allgemeinen biologische Maßstäbe an. Das Wachstum des Foetus beginnt mit dem Verschmelzen von Eizelle und Samenzelle. Untersuchungen haben gezeigt, daß der Foetus bereits nach gut einem Monat Reflexbewegungen macht. Einige Zeit später sind Unlustgefühle deutlich nachweisbar. Der Foetus reagiert auf Reize von außen: Druck auf den Bauch der Mutter wird beantwortet mit einem Tritt oder Stoß.

Die Grobmotorik funktioniert schon ziemlich früh, während die Entwicklung der Feinmotorik erst im vierten Monat in Gang kommt. Der Foetus kann in diesem Stadium die Stirn runzeln und Saugbewegungen mit den Lippen machen. Verblüffend ist auch die Entwicklung des Geschmackssinns. Versuche haben ergeben, daß das ungeborene Kind viel mehr Schluckbewegungen machte, wenn dem Fruchtwasser eine Zuckerlösung beigegeben wurde. Der Zusatz einer unangenehm schmeckenden Substanz führte hingegen zu deutlich weniger

Schluckbewegungen. Das Kind verzog sogar das Gesicht.

Wenn der Foetus fünfeinhalb Monate alt ist, kann er auch hören, in erster Linie natürlich die verschiedenen Geräusche im Mutterleib, wovon der Herzschlag wohl am einprägsamsten ist. Für das Kind hat er eine deutliche Signalfunktion. Solange der Herzrhythmus regelmäßig ist, fühlt es sich sicher. Klopft das Herz der Mutter dagegen, aus welchem Grund auch immer, schneller oder unregelmäßig, wird auch das Kind unruhig. Von dieser Zeit an werden die Unlustgefühle also auch an Angstgefühle gekoppelt. Jetzt hört das ungeborene Kind auch menschliche Stimmen und reagiert auf deren Ton und Klangfarbe. Ärgerliche Stimmen beunruhigen es, freundliche haben einen beruhigenden Einfluß. Was Musik betrifft, zeigt das ungeborene Kind deutliche Vorlieben. Vor allem ruhige klassische Musik wirkt beruhigend. Auf einem Blasinstrument gespielte fröhliche Volksmusik wird auch nicht als unangenehm erfahren. Von dieser Zeit an bekommt das Kind auch die Emotionen der Mutter sehr deutlich mit. Seine Entwicklung verläuft um so harmonischer, je ausgeglichener die Mutter in den letzten Monaten ihrer Schwangerschaft ist.

Nach Ansicht von Gynäkologen läßt sich durch entsprechende Untersuchungen nachweisen, daß sich beim Foetus in einer bestimmten Phase seiner Entwicklung Leben und Bewußtsein entfaltet. Sie koppeln dieses Leben und Bewußtsein an die physiologische Entwicklung des Gehirns. Das bedeutet, daß die Möglichkeit von Leben und Bewußtsein ihrer Meinung nach ohne dieses raffinierte System nicht gegeben ist.

Bedeutsam ist in diesem Zusammenhang die Tatsache, daß der Schwangerschaftsabbruch in den Niederlanden bis zur dreizehnten Woche legal ist (in Deutschland bis Ende der zwölften Woche nach einem Beratungsgespräch). Um diese Zeit oder kurz danach nimmt die Mutter nämlich zum erstenmal Bewegungen wahr, was ein deutlicher Beweis dafür ist, daß das Kind lebt. Man geht davon aus, daß erst von diesem Augenblick an von „einem Menschen" gesprochen werden kann. Vorher ist es noch ein Mensch im Werden.

Wenn wir aber keine biologischen, sondern psychologische oder, noch differenzierter, spirituelle Maßstäbe anlegen, kommen wir zu einer ganz anderen Betrachtung von Leben und Bewußtsein.

Die Seele als Mittler zwischen Geist und Materie

Stimmt es, daß an einem bestimmten Punkt der embryonalen Entwicklung Bewußtsein entsteht und wenn ja, was ist darunter zu verstehen? In esoterischen Schriften wird das Bewußtsein als Merkmal der Seele bezeichnet. Das Bewußtsein ermöglicht der Seele, Kontakt mit dieser Welt aufzunehmen. Die Seele fungiert als Mittler zwischen Geist und Materie. Letztere ist in diesem Zusammenhang der Körper, der sich während der neunmonatigen Schwangerschaft in der Gebärmutter entwickelt. In seinem Kern ist der Mensch jedoch ein geistiges Wesen. Der Geist ist der wesentliche, der unzerstörbare Teil des Menschen, der ewiges Leben hat. Man könnte ihn als das „göttliche" Prinzip bezeichnen, das allem Lebendigen innewohnt. Der Geist ist jedoch nicht unmittelbar aktiv in der Materie. Dies ist Aufgabe eines Mittlers, eines Mediums, das wir „Seele" nennen. Daraus ergibt sich, daß die Seele nach zwei Seiten orientiert ist: Einerseits ist sie der göttlichen Seite zugewandt, der Lichtseite, andererseits der irdischen, der dunklen Seite der Existenz. Ohne Seele könnte sich nichts in der Materie entwickeln.

Der Erde zugewandt

Die Seele ist gleichsam der Architekt des Körpers. Genau wie ein Architekt ein Gebäude entwirft und anschließend den Bau dieses Gebäudes beaufsichtigt, entwirft und plant die Seele den Körper. Von dem Augenblick an, in dem Samenzelle und Eizelle miteinander verschmelzen, ist sie mit dem entstehenden Körper verbunden. Sie steuert die Zellteilung, so daß aus dieser einen Zelle die wunderbare Vielfalt von Organen und Gewebestrukturen entstehen kann. Die Seele wirkt also auf die Materie ein und zwingt sie jeweils in die Form, die im Rahmen des Ganzen angemessen ist. Sie veranlaßt den heranwachsenden Foetus, auf kosmische Schwingungen zu reagieren. Wenn ein Organ weit genug entwickelt ist, sorgt sie dafür, daß es physiologisch funktionieren kann: daß das Blut strömt, daß die Nervenbahnen aktiviert werden und daß sich die Muskeln bewegen können.

Dieser Mittler zwischen Geist und Materie, den man auch als „Entität" bezeichnen könnte, ist also bewußt. Diesem Bewußtsein ist es zu verdanken, daß in dem sich entwickelnden Körper jeweils die Prozesse in Gang gesetzt werden, die im Augenblick erforderlich sind. So entstehen bereits vor der Geburt neben dem Körper auch die psychischen Funktionen.

Auch der höhere, dem göttlichen Geist zugewandte Anteil der Seele ist bereits in der pränatalen Phase anwesend. Das Leben beginnt nicht mit dem Verschmelzen von Eizelle und Samenzelle. Geist und Seele haben einen langen gemeinsamen Weg hinter sich. Allerdings gibt es Geister, die auf diesem Weg schon sehr weit fortgeschritten sind, während andere noch eine weite Strecke vor sich haben. Und je höher der Entwicklungsstand, desto höher das Bewußtsein. Neugeborene mit einem hochentwickelten Bewußtsein haben noch Erinnerungen an die lichte Welt, in der sie vor ihrer Geburt wohnten.

Phoebe Lauren erwähnt in ihrem Buch *Wijsheid van een Sterrenkind* (Weisheit eines Sternenkindes) ein Gespräch mit ihrem Sohn Marcus, einem Kind mit besonders hoch entwickeltem Bewußtsein, der sich noch sehr deutlich an die Sphäre erinnert, in der er sich vor seiner Geburt aufhielt:

„Ich war mit meinen Freunden ganz hoch oben, über der Luft. Sie zeigten mir Papa und dich und noch zwei andere Leute. Ich durfte wählen. Ich beschloß, zu euch zu kommen. Eigentlich mußte ich diesmal gar nicht kommen. Ich konnte wählen“, antwortete er auf eine Frage von mir.

„Und wie konntest du uns sehen, von so weit weg?" fragte ich.

„Ich war über der Luft, und dann war da auf einmal ein kleines Loch. Ich hab' durchschauen können wie durch meine Hand", sagte er und hielt eine Faust vor sein Gesichtchen, wobei er mit Zeigefinger und Daumen ein rundes Guckloch formte. Ich bekam den Eindruck, daß das, was er mir erklärte, ungefähr funktionierte wie ein Zoomobjektiv.

„Ich hab' dich gesehen. Du warst ganz dick mit dem Baby im Bauch. Die andere Frau auch. Ich hab' dich ausgesucht." Er ließ durchblicken, daß das ein großes Geschenk für uns war.

Der höhere Teil der Seele hält sich nicht ununterbrochen im Embryo auf. Er lebt noch in höheren Sphären und verbindet sich manchmal mit dem Embryo. Manchmal „schwebt" er aber auch gleichsam um die Mutter, die in sehr vielen Fällen diese Anwesenheit fühlt.

„Ich möchte von dir geboren werden"

Annemieke nahm eine solche Anwesenheit wahr. Sie war im dritten Monat schwanger und stand gerade vor dem Schaufenster eines Geschäftes, in dem Kinderwagen verkauft wurden, als sie plötzlich ganz deutlich eine Stimme hörte: „Annemieke, ich werde von dir geboren werden. Ich freue mich so, daß gerade du es bist." Sie sah sich erschrocken um, begriff jedoch sofort, daß es keine „wirkliche Stimme" war, die da zu ihr sprach. Von diesem Moment an entspann sich ein Gespräch ohne Worte zwischen ihrer Seele und der Seele ihres Kindes.

Die Seele des Kindes, das in Frederique heranwuchs, war ausgesprochen höflich. Sie war erst seit kurzer Zeit schwanger, als sie eines Nachts aus dem Schlaf aufschreckte und eine Gestalt am Fußende ihres Betts stehen sah. Sie hatte keine Angst, sondern war eher überrascht. Obwohl es dunkel war, erkannte sie deutlich einen Mann in Mönchsgewand mit großen weisen Augen. Er sagte, daß er gern von ihr geboren werden würde, und bat um ihre Zustimmung. Die gab sie ihm, und mit einem warmen Gefühl der Dankbarkeit erkannte sie, daß sie einen ganz besonderen Menschen zur Welt bringen würde, einen hohen Lama, der sein voriges Leben in Tibet verbracht hatte.

Einige Mütter haben noch überraschendere Erlebnisse zu berichten.

Hermien hatte bereits eine Tochter. Kurz nach der Entbindung war sie an Gebärmutterkrebs erkrankt, der mit Erfolg behandelt werden konnte. Der Arzt hatte ihr jedoch geraten, „sicherheitshalber" von weiteren Schwangerschaften abzusehen. Eines Nachts hatte sie einen seltsamen Traum. Sie ging durch einen wunderschönen Park und war glücklich. Üppig wuchernde Pflanzen und süßer, schwerer Blumenduft umgaben sie, und der Himmel über ihr war strahlend blau, durchwirkt von einem goldenen Glanz. Plötzlich sah sie einen Jungen auf sich zukommen. Sie blieben voreinander stehen. Gerührt sah Hermien dem Jungen in die Augen. „Ich bin Gerben", sagte der Junge, „und du wirst mich zur Welt bringen." Als sie wach wurde, hatte sie den Traum noch lebendig vor Augen. Sie war verwirrt von dem Erlebten und ging zunächst davon aus, daß es eine Art Wunschtraum gewesen war. Hatte sie doch früher stets verkündet, daß sie zwei Kinder haben wolle, einen Jungen und ein Mädchen.

Lange Zeit geschah nichts. Dann war sie eines Abends allein zu Hause. Sie hatte eine CD mit klassischer Musik aufgelegt und träumte vor sich hin. Da stand plötzlich der Junge von damals mit ernstem Gesicht vor ihr. Wieder sah Hermien in seine Augen, die ihr nun schon ganz vertraut waren. Es war, als würde sie einem alten Bekannten begegnen.

„Du kennst mich noch", stellte er fest. „Ich bin Gerben. Willst du meine Mutter werden?" Doch bevor sie antworten konnte, war die Gestalt verschwunden. Sie beschloß, mit ihrem Mann über die Vision zu sprechen. Zuerst lachte er nur und meinte, das sei wohl ein Wunschtraum gewesen. Er hielt nichts von einer erneuten Schwangerschaft, denn er fand das Risiko zu groß. Doch als sie in den darauffolgenden Wochen weiter auf ihn eindrang, ließ er sich überzeugen. Noch innerhalb eines Jahres wurde Gerben geboren.

Es ist der höhere, dem Licht zugewandte Aspekt der Seele, mit dem die Mutter in diesem Stadium Kontakt hat.

Wer in seiner Umgebung nachfragt, wird sicher bald auf eine Mutter treffen, die „pränatale Erfahrungen" hat. Häufig wird sie sich dessen erst später bewußt. Doch eine Mutter, die weiß, daß so etwas möglich ist, wird aufmerksamer auf Signale lauschen, die von der Seele ihres Kindes kommen könnten. Sie kann auch selbst aktiv werden und den Kontakt mit der sich inkarnierenden Seele suchen.

Erkennen, was vor sich geht

Aus den angeführten Beispielen wird deutlich, daß die Seele des heranwachsenden Foetus in manchen Fällen weiß, was vor sich geht. Ich sage absichtlich: in manchen Fällen. In welchem Maße sich die Seele all dieser Dinge bewußt ist, hängt nämlich eng mit ihrer Entwicklungsstufe zusammen. Bei den meisten läuft der Prozeß unbewußt ab. Sie lassen sich durch kosmische Gesetze leiten, die bestimmen, wo sie am besten geboren werden. Der höhere Seelenanteil schlummert gleichsam noch. Aus diesem Grund sind sie nicht imstande, vor der Geburt bewußten Kontakt mit der Mutter aufzunehmen.

Seelen, die auf dem Weg der Evolution weiter fortgeschritten sind, identifizieren sich mit den Gedanken und Gefühlen der Mutter, verfügen jedoch nicht über die Fähigkeit, zwischen der eigenen Persönlichkeit und der Persönlichkeit der Mutter zu unterscheiden. Was die Mutter erlebt, erlebt auch das Kind. Schlechte Erfahrungen der Mutter verstärken seine Angstgefühle. So ist zum Beispiel bekannt, daß viele im Zweiten Weltkrieg geborene Kinder in ihrem späteren Leben nervös waren oder sind. Die Ängste, die das Kind vor seiner Geburt durchmachte, bleiben ein unbewußter Teil seiner späteren Persönlichkeit und können sich sogar in Form von Phobien äußern.

Noch höher entwickelte Seelen dagegen, die manchmal auch als „alte Seelen" bezeichnet werden, können ihre eigene Identität bewahren. Sie erfahren den Inkarnationsprozeß häufig als ein Verstoßen-Werden aus dem Paradies und die Geburt als Tod. Einige dieser Seelen sind sich ihrer selbst so sehr bewußt, daß ihr Bewußtsein genau so aktiv bleibt, wie es auf den höheren Ebenen war. Das sind die Pioniere unter den Menschen des neuen Zeitalters. Gegenwärtig sind sie noch eine Seltenheit, aber es wird nicht mehr lange dauern bis es sehr viel mehr davon gibt.

Selbstverständlich ist diese Unterteilung in die beschriebenen drei Gruppen nur eine grobe Annäherung. Im Laufe der Entwicklung gibt es zahllose Übergangsphasen. So erleben viele Seelen ihre Identität zwar durchaus bewußt, fühlen sich zeitweise aber so stark zur Mutter hingezogen, daß sie sich mit ihr identifizieren, besonders dann, wenn die Mutter emotional sehr aufgewühlt ist.

Rückführung

Ich kann mir gut vorstellen, daß manche Leute die Stirn runzeln, wenn sie die obige Darstellung der pränatalen Entwicklung lesen. Was davon sollen sie glauben? Ist das alles denn zu beweisen? In der Tat kann nachgewiesen werden, daß bereits in der pränatalen Phase von einem Selbst-Bewußtsein des Kindes gesprochen werden muß, und dieser Nachweis kommt aus einer ganz anderen Ecke. Menschen, die sich einer Rückführungstherapie unterziehen, beschreiben manchmal in Trance oder unter Hypnose ihre Erinnerungen an ihr Dasein im Mutterleib. Sie sprechen von dem Gefühl der Sicherheit in der Wärme des

Fruchtwassers, von den Ängsten, die sie empfanden, wenn die Mutter Angst hatte, und von den oft traumatischen Geschehnissen rund um die Geburt. Solche Erinnerungen sind natürlich nur unter der Voraussetzung möglich, daß das Kind sich seiner selbst bewußt ist.

Auf die eigenen Worte achten

Eltern sollten sich klar darüber sein, daß die Seele ihres Kindes möglicherweise bewußt erfaßt, was in der Außenwelt vor sich geht. Eltern, die wissen, daß die Seele ihres Kindes mithören, mitfühlen und mitdenken kann, werden darauf achten, was sie sagen. Zum Beispiel würde eine bewußte Seele eine Diskussion zwischen den zukünftigen Eltern über die Frage, ob das Kind nun erwünscht ist oder nicht, als sehr bedrükkend erfahren. Eltern können aber auch ganz bewußt mit der Seele ihres Kindes in Kontakt treten. Sie können sie in Gedanken und Gefühlen mit Wärme und Liebe umgeben und so den Inkarnationsprozeß erleichtern, der für eine bewußte Seele oft etwas sehr Schmerzliches ist. Auch Singen schafft ein starkes Band. Es gibt „Wiegenlieder" für das ungeborene Kind, von denen eine harmonisierende Wirkung ausgeht.

Vor der Geburt sind also auf jeden Fall zwei Formen von Bewußtsein aktiv und vielleicht sogar noch mehr. Die erste geht bereits bei der Verschmelzung von Eizelle und Samenzelle eine Verbindung mit dem sich entwickelnden Körper ein, um dessen physiologische Prozesse zu steuern. Dieses Bewußtsein folgt festen Mustern, so daß die Wissenschaft genau Auskunft darüber geben kann, wann sich welche Entwicklung vollzieht. Die zweite Bewußtseinsform ist dem Göttlichen, dem Licht zugewandt. Sie verbindet sich im Laufe der Schwangerschaft nach und nach mit dem Foetus. Das Seelenleben des ungeborenen Kindes ist demnach komplizierter als sich mit Worten beschreiben läßt.

2 Die kindliche Wahrnehmung

Unsere fünf Sinne verbinden uns mit der Außenwelt. Ohne sie könnten wir nicht mit Menschen und Umwelt kommunizieren. Mit unseren Augen können wir sehen, mit unseren Ohren hören, mit unserer Nase riechen, mit unserer Zunge schmecken, mit unserer Haut fühlen. Das feine Zusammenspiel der Organe macht es uns möglich, als Menschen in diesem Leben zu funktionieren.

Niemand wird bestreiten wollen, daß sich die Wahrnehmung eines Kleinkindes stark von der eines Erwachsenen unterscheidet. Dem Kind fehlt die Erfahrung, die erst der Kontakt mit der Umwelt bringt. Seine Wahrnehmung befindet sich noch in einem frühen Stadium. Der Foetus hat zwar bereits in der Gebärmutter ein gewisses Wahrnehmungsvermögen entwickelt, aber die visuelle Wahrnehmung kann erst einsetzen, wenn das Kind seine Augen gebrauchen kann. Man geht davon aus, daß das Neugeborene nur hell und dunkel unterscheiden kann. Sein Wahrnehmungsvermögen ist noch undifferenziert. Doch schon bald nimmt das Kind Bewegungen wahr, denen es mit den Augen folgt, und etwa um die sechste Woche ist sein Wahrnehmungsvermögen so weit entwickelt, daß es reagiert. Wenn die Mutter lacht, lacht es mit.

Diese Aussagen sind gültig, wenn wir die visuelle Wahrnehmung auf das Körperliche beschränken. Bestimmte Organe brauchen nun mal eine gewisse Entwicklungszeit. Die visuelle Wahrnehmung ist jedoch viel komplexer als man gemeinhin denkt. Ist sie eigentlich per se an das Stoffliche gebunden? Oder wäre auch eine andere Auffassung denkbar?

Bevor ich näher auf die kindliche Wahrnehmung eingehe, möchte ich mich etwas ausführlicher mit Wahrnehmung im allgemeinen befassen, um zu einem besseren Verständnis der kindlichen Wahrnehmung kommen zu können.

Wahrnehmen ist Interpretieren

Die Wahrnehmung der Umwelt ist an das Körperliche gebunden. Zum Beispiel sehe ich im Garten eine Birke und an ihrem Stamm ein Nistkästchen. Ein Meisenpärchen fliegt dort ein und aus. In den meisten Fällen verbinden wir sofort ein Gefühl oder einen Gedanken mit einer solchen Wahrnehmung. Wenn ich dem emsigen Meisenpärchen zusehe, kann mir zum Beispiel der Gedanke kommen, mit wieviel liebevoller Fürsorge sie ihre Jungen aufziehen, und ich werde mir plötzlich der wundervollen Harmonie in der Natur bewußt. Damit bekommt meine Wahrnehmung eine andere Dimension. Die Wahrnehmung unserer Umwelt ist eigentlich immer gefärbt von unserer Interpretation, und die ist subjektiv. Aber unsere Wahrnehmung kann sehr viel mehr erfassen als die uns umgebende sichtbare Materie. Sie kann auch eine Verbindung eingehen mit unserer Phantasie, unserem Vorstellungsvermögen und unserer Einbildungskraft, mit deren Hilfe wir uns „ein Bild machen". Die drei Begriffe bedeuten keineswegs dasselbe, wenn auch eine enge Beziehung zwischen ihnen besteht.

Mit der Einbildungskraft sehen

Der Mensch verfügt über eine einzigartige Fähigkeit: Er kann sich eine Welt schaffen, die nur in seinen Gedanken und Gefühlen existiert. Es wird den meisten Menschen nicht schwerfallen, sich einen Bergsteiger auszumalen, zu sehen, wie er in einer steilen Felswand hängt und langsam seinen Weg zum Gipfel sucht. Wenn wir unserer Phantasie freien Lauf lassen, können wir diesen Bergsteiger allerlei Aufregendes erleben lassen. Das Wetter kann sich plötzlich verschlechtern. Er kann einen Teil seiner Seile verlieren …

Phantasie ist ein menschliches Potential, das an sich noch unstrukturiert ist. Um Phantasie einsetzen zu können, braucht man Vorstellungsvermögen. Wenn man zum Beispiel an eine Meerjungfrau denkt und ihr Form geben will, muß man sie deutlich vor seinem geistigen Auge haben. Hierfür wird das Vorstellungsvermögen eingesetzt. Welche Form hat ihr Gesicht? Welche Farbe hat ihr Haar? Wie lang ist es? Wie ist sie gebaut? Wie sieht ihr Unterkörper aus? Wenn die Vorstellungskraft stark genug ist, kann man sich ein Bild von ihr machen und sie genau beschreiben. So gehen beispielsweise Schriftsteller und Erzähler zu Werk. Phantasie, Vorstellungsvermögen und die Einbildungskraft, die das Bild zustandebringt, sind also eng miteinander verbunden. Eines ergibt sich aus dem anderen.

Gedankenformen

Nehmen wir an, Sie erzählen Ihrem Kind abends vor dem Schlafengehen eine Geschichte, die Sie sich spontan ausdenken. Dafür machen Sie Gebrauch von den erwähnten drei menschlichen Gaben. Ihre Phantasie führt Sie in eine bestimmte Richtung. Sie haben zum Beispiel den Einfall, daß zwei kleine Kinder zusammen in einen Wald gehen, obwohl ihnen dies verboten ist. Nur wenn Sie Ihr Vorstellungsvermögen zur Hilfe nehmen, können Sie daraus eine spannende Geschichte machen. Sie beschreiben zum Beispiel, wie die beiden Kinder aussehen, und erschaffen einen gruseligen Wald, in dem allerlei fremdartige Geräusche zu hören sind. Aber nach wie vor existiert Ihre Geschichte nur in Ihren Gedanken und Gefühlen. Sie müssen ihr nun eine Form geben, ein Bild schaffen. Zu diesem Zweck wählen Sie geeignete Satzkonstruktionen, passen Ihre Sprechgeschwindigkeit und Ihre Intonation der jeweiligen Situation an, und so weiter.

Wenn nun zwischen Ihnen und Ihrem Kind eine perfekte telepathische Verbindung bestünde, brauchte es dieses „Bild in Worten" nicht, denn schon während Sie sich die Geschichte ausdenken, entsteht in Ihrem Kopf eine sogenannte Gedankenform, die Gestalt und Substanz hat. Hellseher nehmen sie wahr. Sie sehen sie wie Luftblasen aufsteigen. Solange der Gedanke aufrechterhalten wird, führt die Gedankenform sogar ein Eigenleben. Ein aufmerksamer Zuhörer kann sie aufnehmen, und wenn sie klar und deutlich ist, unterstreicht sie die in Worte gefaßte Geschichte. Bei einer vollkommenen telepathischen Verbindung würden dem Kind die Gedankenformen genügen, um die in Ihren Gedanken „erzählte" Geschichte zu begreifen.

Wenn Sie ein guter Erzähler sind, passen Sie Ihre Erzählweise an die Reaktionen des kleinen Zuhörers an, denn beim Erzählen regen Sie seine Vorstellungskraft an. Das Kind reißt die Augen auf, schaut besorgt drein, schlägt die Hände vors Gesicht … Auf seine Weise schafft sich das Kind ein Bild. Es entsteht eine subtile Wechselwirkung zwischen Erzähler und Zuhörer. Durch die Reaktionen des Kindes wird Ihre eigene Phantasie angeregt, und Ihre psychologische Einsicht sagt Ihnen, ob Sie die Geschichte nicht vielleicht doch zu spannend und gruselig machen. Sie können die Umsetzung in Gedankenformen und Worte sowohl abschwächen als auch verstärken.

Hans Hagen, ein geborener Erzähler, hatte einen ganzen Saal voller Kinder in seinen Bann geschlagen, als er an einem kritischen Punkt seine Erzählung unterbrach, um zu fragen: „Wollt ihr die gruselige oder die weniger gruselige Fortsetzung hören?" „Die gruselige", kam es zurück. Die gruselige Fortsetzung fiel dann in der Tat reichlich grausig und blutrünstig aus. Einige Zeit später sprach ich mit der Mutter eines Kindes, das in dem Saal gesessen hatte, und offensichtlich über ein besonders ausgeprägtes Vorstellungsvermögen verfügte. Es hatte anschließend wahre Alpträume gehabt. Auch in unseren Träumen schaffen wir uns Bilder.

Spirituelle Wahrnehmung

Einer ganz anderen Dimension gehört die spirituelle Wahrnehmung an. Spirituelle Wahrnehmung ist Imagination. Und diese steht in Zusammenhang mit geistiger Einsicht. Sie ist das Vorstellungsvermögen eines höheren Bewußtseins. Mit Imagination begeben wir uns auf die Ebene der Intuition. Wahrnehmung durch Imagination ist außersinnlich und wird deshalb manchmal auch als „paranormal" bezeichnet. Es ist ein Sehen mit dem „geistigen Auge".

Obwohl spirituelle Wahrnehmung außersinnlich ist, sind dabei sehr wohl Sinnesorgane im Spiel. Diese Behauptung mag auf den ersten Blick verwirren. Der Widerspruch entsteht dadurch, daß wir von unserer materiellen, körperlichen Wirklichkeit ausgehen, und von diesem Standpunkt aus gesehen, ist spirituelle Wahrnehmung außersinnlich. Betrachten wir die Sache dagegen von höherer Warte aus, präsentiert sie sich in ganz anderem Licht. Ein Mensch besteht nicht nur aus einem stofflichen Körper, sondern darüber hinaus aus subtileren Körpern mit feinerer Struktur, und auch diese Körper haben Sinnesorgane. Daher können wir zum Beispiel auch mental sehen, hören, tasten, riechen und schmecken. Die Erfahrungen, die uns diese höheren Sinnesorgane vermitteln, sind um so subtiler, je höher die Schwingungen des Körpers sind. Ich spreche hier von Welten, denen wir Menschen zwar angehören, die wir aber unmöglich mit unserem begrenzten irdischen Wortschatz beschreiben können.

Hier ein Zitat aus meinem Roman *Reis door de sferen* (Reise durch die verschiedenen Sphären), in dem ich versucht habe, einen Eindruck von der sogenannten dritten Sphäre zu geben: „Was ich sah, kann ich unmöglich beschreiben. Es war auch eigentlich kein Sehen, es war Erfahren. Da waren Formen, die Liebe waren, Düfte, die warme und wonnesame Farben ausstrahlten, Musik, die lieblich durftete. Und all diese Formen, Düfte, Farben und Klänge waren sich in hohem Maße ihrer selbst bewußt."

Jeder Versuch, die Imagination in eine allgemein verständliche Form zu bringen, wird unweigerlich in stammelnden Umschreibungen enden. Es ist die Welt, von der Mystiker berichten, und der Tenor ihrer Schilderungen ist stets derselbe: Ich habe keine Worte, um das Erlebte zu beschreiben. Wer einmal bewußt, und sei es auch nur eine Sekunde lang, spirituell wahrgenommen hat, dem wird diese Erfahrung unvergeßlich bleiben. Eine Nahtodeserfahrung ist spirituelles Wahrnehmen. Und auch der „Blick in den Himmel", der manchen Sterbenden vergönnt ist, ist unverkennbar spiritueller Natur.

Manche Menschen erreichen diesen Zustand, wenn sie meditieren, andere wenn sie in Trance sind. Er kann einen aber auch ganz plötzlich überkommen, zum Beispiel auf einem Waldspaziergang, wenn angesichts der Harmonie in der Natur ein Gefühl der Liebe und des Einsseins aufkommt und dieses Gefühl in spirituelles Wahrnehmen übergeht. Man fühlt sich aufgenommen in eine Sphäre der Harmonie und des Lichts. Meist ist das Erlebnis von kurzer Dauer, hinterläßt aber einen tiefen Eindruck. Auch Visionäre und von hochentwickelten Geistwesen inspirierte Hellsehende nehmen spirituell wahr.

Auch das Wahrnehmen höherer Wesen ist eine Form der Imagination. Der Hellseher Cyril Scott führte als Junge ein Tagebuch, das unter dem Titel *Der Junge mit den lichten Augen* erschienen ist. Er schreibt darin: „An diesem Abend habe ich Jesus wieder gesehen. Er stand am Fußende meines Bettes und lachte mich an. Das Licht um ihn her war so schön, golden, rosa, blau, grün und gelb, wie der Regenbogen, den wir damals vom Fenster aus sahen. Er sah aus, als wollte er mich trösten."

Auch Marienerscheinungen sowie Begegnungen mit Engeln und geistigen Begleitern beruhen auf spiritueller Wahrnehmung.

Noch undifferenzierte Wahrnehmung

Und was hat all dies mit der kindlichen Wahrnehmung zu tun? Eine ganze Menge. Wie wir gesehen haben, kann das ungeborene Kind bereits ein entwickeltes Bewußtsein haben. Nach der Geburt wird die Bindung der Seele an die irdische Persönlichkeit stärker, wodurch das Bewußtsein des Kindes in eine andere Richtung gelenkt wird. Die Materie „zieht" sozusagen immer stärker an seiner Seele, was bewirkt, daß sich diese in zunehmendem Maße auf irdische Belange ausrichtet. Aus diesem Grund wird der Einfluß der Umwelt nach der Geburt sehr groß. Und das ist auch logisch. Sieht die Seele doch ihre Aufgabe darin, in dem neuen Körper zu wohnen und zu wirken. Hierfür muß das physische Vehikel gut ausgerüstet werden. Die Ausrichtung auf das Irdische ist die logische Folge einer früher getroffenen Entscheidung.

Die Wahrnehmung eines Neugeborenen ist undifferenziert. Undifferenziert bedeutet jedoch nicht eingeschränkt. Wenn wir es mit einer „alten Seele" zu tun haben, besteht noch eine Rückverbindung zu der Sphäre, aus der der neue Erdenbürger kommt. Dieser Kontakt ist eine Mischung aus Wahrnehmen und Erinnern, wobei das Erinnern vage, aber auch sehr lebendig sein kann. Auch die Erinnerung an frühere

Inkarnationen kann eine Rolle spielen. Doch da sein Sprachvermögen noch nicht entwickelt ist, kann das Kind nicht in Worte fassen, was es wahrnimmt, beziehungsweise woran es sich erinnert. Nur seine Augen können sprechen, und wer aufmerksam beobachtet, erkennt, daß diese in bestimmten Augenblicken tiefe Weisheit ausstrahlen.

Ich kenne ein Frau, deren Tochter einen geistig behinderten Jungen zur Welt brachte. Er starb schon in seinem zweiten Lebensjahr. Einige Zeit davor hatte die Großmutter ihn eines Tages auf dem Schoß und sah ihn an. Zu ihrer Verblüffung blickte sie plötzlich in zwei Augen, aus denen anstelle des gewohnten leeren Blicks umfassende Weisheit sprach. Sie rief nach ihrem Mann, der dasselbe wahrnahm. Mongoloide Kinder strahlen übrigens meist auch große Liebe aus, denn geistig Behinderte sind oft „alte Seelen".

Das Kind nimmt mitunter auch Wesen aus höheren Sphären wahr, mit denen es vor der Geburt Kontakt hatte. Betrachtet man ein Baby in seinem Bettchen, dann kann man manchmal beobachten, wie es seinen Blick auf „etwas" richtet, was der Wahrnehmung des Erwachsenen entgeht. Voll Interesse folgt sein Blick diesem „Etwas", wobei es sogar sein Köpfchen nach ihm wendet. Sobald das Kind sprechen gelernt hat, kann es sich auch äußern über die besonderen Dinge, die es wahrnimmt. Und doch entgeht den meisten Eltern, was sich hier abspielt.

„Mann"

Laura ist anderthalb Jahre alt, ein kleines Mädchen mit warmer Ausstrahlung und hellen blauen Augen. Die Familie hat ein Ferienhaus auf Texel gemietet. Eines Morgens beim Frühstück zeigt Laura auf die Wand, an der ein Bild von einem Hahn hängt, und sagt „Mann". „Nein, Laura", sagt ihre Mutter lachend, „das ist kein Mann. Das ist ein Hahn." Am folgenden Tag zeigt Laura wieder auf die Wand und sagt „Mann". Auch diesmal wird das kleine Mädchen korrigiert. Das dritte Mal sagt sie: „Nein, ... eh ... Hahn." Später, wieder zu Hause, zeigt Laura eines Tages auf eine leere Wand und sagt: „Eh ... Hahn." Es ist deutlich, daß Laura damals auf Texel nicht den Hahn auf dem Bild meinte, sondern eine Gestalt aus einer anderen Sphäre, wahrscheinlich ihren geistigen Begleiter. Es ist sehr wichtig, daß die Umgebung aufmerksam auf die Signale achtet, die von dem Kind kommen.

Wenn die Äußerungen eines Kindes den Eltern unwirklich vorkommen, werden sie nur zu schnell als ein Produkt seiner Phantasie interpretiert. „Schließlich weiß doch jeder, daß kleine Kinder eine blühende Phantasie haben", denkt man sich.

Bei einer Gesprächsrunde in einer Kindergartengruppe von Vierjährigen erzählt ein Junge: „Früher bin ich mit meinem Freund auf einem Fluß gefahren. Mein Freund war schwarz." Die Erzieherin reagiert abweisend. Sie kann mit dieser Mitteilung nichts anfangen. Kann man aus dieser Aussage auf eine Erinnerung an die Freundschaft mit einem Schwarzen in einem früheren Leben schließen? Ein Mädchen aus derselben Gruppe erzählt: „Ich bin nicht geboren. Ich war gleichzeitig auch die Mutter." Die Erzieherin reagiert leicht gereizt: „Nein, Karin, wir wollen nicht faseln. Solchen Unsinn hören wir uns nicht an." Natürlich hält das Kind von da an lieber den Mund.

Manchmal ist zunächst unklar, was das Kind genau meint, doch wenn die Eltern imstande sind, eine freundliche und vertrauensvolle Atmosphäre zu schaffen, und weitere Fragen stellen, können sie die überraschendsten Äußerungen zu hören bekommen. Während einer Unterhaltung, die ich mit einer Gruppe kleiner Kinder führte, sagte eines von ihnen: „Meine Schwester und ich haben ausgemacht, daß zuerst ich auf die Welt kommen sollte und dann sie."

Offensein ist wichtig

Negative Reaktionen von Älteren können zur Folge haben, daß die Erinnerungen an andere Welten oder deren Wahrnehmung schnell verschwinden. Unser Erziehungssystem ist auf Anpassung ausgerichtet und zwingt letztendlich die meisten Kinder, ihre ursprüngliche Eigenart aufzugeben. Bei manchen bleibt dennoch die Erinnerung und auch die Wahrnehmung erhalten, was in erster Linie dadurch zum Ausdruck kommt, daß sie imstande sind, Wesen von höheren Ebenen wahrzunehmen. Erwachsene sollten einen offenen Blick hierfür haben und sich die Mühe machen, bestimmte kindliche Äußerungen ernst zu nehmen und positiv darauf zu reagieren. Wenn sich Erinnerungen der Kinder auf eine höhere Ebene beziehen, werden häufig helles Licht, Liebe und Wärme erwähnt. Wer ein kleines Kind auffordert, ein Bild von der Welt zu malen, in der es lebte, bevor es geboren wurde, bekommt oft seltsame Dinge zu sehen: Menschen mit langen Gewändern, leuchtende Kugeln, schwebende Wesen.

Verschleierung des ursprünglichen Bewußtseins

Erinnerung und Wahrnehmung werden im frühen Babystadium noch nicht unterschieden. Beide sind Erfahrung für das Kind, und zwar eine Erfahrung, die wir als spirituell bezeichnen müssen. Sehr kleine Kinder, die auf dem langen Weg ihrer Evolution schon weit genug vorangekommen sind, nehmen also spirituell wahr. Je nach Bewußtseinsniveau ist diese Wahrnehmung sehr unterschiedlich ausgeprägt. Wenn das Kind älter wird, spielt die Wahrnehmung über die fünf körperlichen Sinne eine immer größere Rolle. Kinder zwischen drei und sieben Jahren tun sich oft noch sehr schwer, wenn sie zwischen spiritueller und sinnlicher Wahrnehmung unterscheiden sollen. In diesem Alter spielen beide Wahrnehmungsformen eine Rolle, ohne daß sich das Kind dessen bewußt wäre. Wenn es dann etwas älter wird, verschleiert sich das ursprüngliche klare Bewußtsein, das es in höheren Sphären und auch im Mutterleib noch hatte, in zunehmendem Maße.

Vom siebten Lebensjahr an sind die Kinder im allgemeinen an die Umwelt und die Konventionen von Familie und Gesellschaft angepaßt. Die besonderen Wahrnehmungen und Erinnerungen verblassen in dieser Zeit. Nur bei einigen wenigen bleiben sie erhalten, und das sind die Menschen, bei denen die Fähigkeiten des Hellsehens, Hellhörens und Hellfühlens ungewöhnlich stark entwickelt sind und die sich eine natürliche Unbefangenheit bewahren können.

In der Pubertät, einer Phase, in der sich enorme Veränderungen in der gesamten Persönlichkeit vollziehen, kommt die spirituelle Empfänglichkeit oft von neuem zum Vorschein. Dies geschieht besonders häufig nach einem traumatischen Erlebnis, zum Beispiel einem Unfall, nach dem das Kind eine Zeitlang bewußtlos ist. Dann erfährt es in sich Möglichkeiten, die im Bereich des Außersinnlichen liegen und demnach auf einer Form von spiritueller Wahrnehmung beruhen.

Verwirrung und Labilität können die Folge einer derartigen Veränderung der Persönlichkeit sein, vor allem, wenn die Umgebung mit Verständnislosigkeit darauf reagiert. Dieses Thema habe ich in zwei Jugendbüchern angeschnitten, und zwar in *Wat is er toch met Marloes?* (Was hat Marloes nur?), das ich zusammen mit dem Energieheiler Paulus Rijntjes geschrieben habe, und in *De tuinen van Licht* (Die lichtvollen Gärten).

3 Phantasiefreunde oder geistige Begleiter?

In der Kinderpsychologie spricht man von „Phantasiefreunden" im Zusammenhang mit dem Verhalten von Kleinkindern. Manche behaupten, daß eines von drei Kindern ab dem zweiten Lebensjahr einen solchen Phantasiefreund hat. Worum handelt es sich hierbei eigentlich? Welche „Identität" soll man einem solchen Freund zuerkennen? Wie schon am Wort zu erkennen ist, sieht die Psychologie in einem Phantasiefreund einen Ausdruck kindlicher Phantasie.

Phoebe Lauren hat einen völlig anderen Ansatz. Sie sagt: „Als Kind kommunizieren wir oft mit unseren Engeln oder Begleitern, doch die Erwachsenen nennen sie Phantasiefreunde. Solange sie sich ordentlich betragen, werden sie von den meisten Eltern zugelassen. Ich werde nie vergessen, wie ich eines Tages um eine Ecke schaute und meinen kleinen Sohn Marcus bemerkte, der in die Luft schaute und mit jemandem sprach. Es war offensichtlich ein sehr interessantes Gespräch. Er sagte etwas über eine Übereinkunft, die er geschlossen hatte, und daß er sich nicht mehr ganz sicher sei, was nun eigentlich genau vereinbart worden war. Ich war verblüfft darüber, wie vertraut er mit seinen Gesprächspartnern war. Schließlich fragte ich ihn, was er da eigentlich tat. Er erläuterte mir, daß er mit ‚den Menschen ohne Körper' gesprochen hatte, die ihm verschiedenes über sein Leben vor der Geburt erzählt hatten. Er erwähnte auch Absprachen, die in der geistigen Welt getroffen werden, und Begleiter oder Führer in seinem Leben." Phoebe Lauren ist der Meinung, daß es sich in allen Fällen, in denen das Kind etwas wahrnimmt, was den Erwachsenen entgeht, um Engel oder (geistige) Begleiter handelt.

Moderne Kinderpsychologen interpretieren Phantasiefreunde als Produkte der eingebildeten sinnlichen Wahrnehmung, wohingegen Phoebe Lauren und mit ihr viele Esoteriker davon ausgehen, daß wir es hier mit einem Resultat spiritueller Wahrnehmung zu tun haben. Offensichtlich wird hier von zwei genau entgegengesetzten Standpunkten ausgegangen. Wenn wir uns ein nuanciertes Urteil darüber bilden wollen, wer nun recht hat, müssen wir ein paar konkrete Situationen unter die Lupe nehmen, in denen Phantasiefreunde vorkommen.

Christine

Seit Christines Vater infolge eines Verkehrsunfalls gestorben ist, hat sich Christine verändert. Sie ist ein Einzelkind, das besonders an seinem Vater hing. Die beiden unternahmen Wanderungen in der Natur oder tollten auf der Spielwiese herum. Zu ihrer Mutter, einer ziemlich dominanten und kritischen Frau, hat Christine eine weniger starke Bindung. Nachdem der Mann aus dem Familienverband ausgeschieden ist, hat sich die Situation der Familie dramatisch verändert. Christines Mutter sah sich gezwungen, eine Arbeit anzunehmen. Dadurch ist Christine oft allein, obwohl eine freundliche Nachbarin nach ihr schaut und sie aufnimmt, wenn sie vom Kindergarten kommt.

Auch der Erzieherin, die für die Gruppe der Vierjährigen zuständig ist, ist Christines Veränderung aufgefallen. Das einst so fröhliche und kontaktfreudige Kind zieht sich nun zurück, führt oft Selbstgespräche, beteiligt sich nur widerwillig an Gruppenspielen und schweigt bei Gesprächen in der Gruppe. Wenn die Erzieherin sie auffordert, auch mal was zu sagen, senkt Christine nur den Kopf und starrt zu Boden. Sie sitzt viel in ihrem Zimmer, auch wenn ihre Mutter zu Hause ist.

Als ihre Mutter erfährt, daß Christine auch im Kindergarten zunehmend in sich gekehrt ist, beschließt sie, mit ihr zu sprechen. Als sie die Treppe hinaufgeht, macht sie eine merkwürdige Entdeckung. Christine scheint Besuch zu haben. Sie lacht sogar. Verblüfft bleibt ihre Mutter vor der Tür stehen und horcht. Sie kann deutlich verstehen, was ihre Tochter sagt. Es geht um ihr Puppenhaus. „Nein, Dummerchen", sagt Christine, „da kann Inge doch nicht sitzen. Da purzelt sie doch gleich raus." Ein kleines Lachen ist zu hören und dann: „Ja, das sagst du wohl, aber das stimmt nicht. Schau doch selber." Wiederum Stille und dann ein Plumps, gefolgt von übermütigem Gelächter. Christines Mutter kann ihre Neugier nicht länger bezwingen und betritt das Zimmer, wo sich ihre Tochter wie ertappt aufrichtet und sie verlegen ansieht. Im Zimmer ist sonst niemand zu sehen.

„Mit wem hast du eben gesprochen?" fragt die Mutter.

„Mit niemand." Es klingt beklommen.

„Aber ich habe doch eben gehört, daß du etwas gesagt hast."

Christine schaut zu Boden und schweigt. Ihre Mutter ist nahe daran, wütend zu reagieren, aber sie beherrscht sich, setzt sich auf das Bett und sagt: „Komm, setz' dich neben mich." Christine gehorcht zögernd, und als sie nebeneinander sitzen, legt die Mutter den Arm um ihre Tochter und sagt in freundlichem Ton: „Jetzt erzähle mal."

Nach kurzem Zögern berichtet Christine, daß sie eine Freundin hat. Sie heißt José, und wenn Christine es will, kommt sie zu ihr, und sie spielen zusammen.

Die Mutter weiß nicht so recht, was sie damit anfangen soll. Sie begreift nicht, was hier vor sich geht, kann ihrer Tochter aber wohl kaum verbieten, mit ihrer Phantasiefreundin zu spielen. Bei dem anschließenden Gespräch stellt sich heraus, daß Christine ihren Vater sehr vermißt und daß es sie noch trauriger macht, mit anderen Kindern zu spielen.

Der schlaue Edwin

Edwin ist drei Jahre alt. Er hat zwei Phantasiefreunde, die Maus und Schnurrbart heißen. Edwin sagt, sie sehen aus wie ganz normale Kinder. Schnurrbart will nicht immer gehorchen, so daß Edwin ihn bisweilen streng anpacken muß. Maus dagegen ist die Sanftheit in Person. Er ergreift nie die Initiative, sondern tut genau, was Schnurrbart will.

Seine Eltern haben sich über das Phänomen Phantasiefreunde informiert und lassen ihn gewähren, obwohl sie die Sache im Grunde ziemlich befremdlich finden. Anders Edwins vierzehnjähriger Bruder Rolf, der den Kleinen oft aufzieht mit seinen sogenannten Freunden, die übrigens des öfteren allerlei Streiche verüben. Gestern zum Beispiel haben sie in der Küche ein Glas Marmelade von der Anrichte auf den Boden geworfen, so daß es in tausend Stücke zersprang. Und Edwin war sehr entrüstet, als seine Mutter ihm die Schuld dafür gab. Neulich haben die beiden Bilder aus einem von Rolfs Büchern gerissen. Rolf war wütend, aber es war Schnurrbarts Schuld.

Nach Rolfs Meinung ist sein kleiner Bruder ein Lügner, und die Mutter der beiden muß ihrem Ältesten innerlich recht geben, denn Edwin macht es sich schon sehr leicht, indem er sich hinter seinen Freunden versteckt. Sie ist natürlich überzeugt, daß Edwin in Wirklichkeit der Schuldige ist.

Lachtiger

Selma Fraiberg bespricht in ihrem, von ausgesprochen psychoanaltischer Denkweise geprägten Buch *Die magischen Jahre* den Fall ihrer kleinen Nichte Jannie. Sie hatte einen Phantasiefreund, den sie Lachtiger nannte. Die Verfasserin wurde zum ersten Mal mit der Erscheinung konfrontiert, als sie eines Tages die Großeltern des Kindes besuchte. Sie schreibt: „Plötzlich drehte Jannie sich um und sah drohend hinter sich. ‚Nein', sagte sie sehr entschieden, ‚nein,

Lachtiger, du kannst nicht mit Eis essen gehen. Du bleibst schön hier. Aber Jannie darf mit uns gehen. Kommst du, Jannie?' (Jannie sprach also von sich selbst nicht in der Ichform.) Als ich mich einigermaßn von meiner Verblüffung erholt hatte, fragte ich die Großmutter, wer denn Lachtiger sei. ‚Er ist unsere neueste Errungenschaft', lautete ihre Antwort. Wir brauchten dem nichts hinzuzufügen, denn in diesem Haus hatte es einen ununterbrochenen Zustrom von imaginären Spielgenossen gegeben, deren Anzahl in Jannies Elternhaus sogar noch übertroffen wurde. Es gab Stühle, die speziell für Tom und Joke bestimmt waren, und Plätze am Eßtisch, die reserviert waren für Kaninchen, Hunde und Bären. Das Kind, das diese Menagerie hielt, reagierte oft nicht einmal auf seinen Namen. Wie ich nun bemerkte, war die Großmutter etwas aus der Fassung geraten, und ich begriff voll Mitgefühl, daß sie Lachtiger wohl schon den größten Teil des Nachmittags zu Besuch gehabt hatte."

Der kleine und der lange Willem

Der kleine und der lange Willem führen ein wahrhaft trauriges Leben. Sie sind die Phantasiefreunde von Cor, und fast täglich werden sie tüchtig verprügelt. Cor ist in der Kindergartengruppe der Dreijährigen, und die Erzieherin hat die größten Schwierigkeiten mit ihm. Der Kleine ist lebhaft und unkonzentriert. Dauernd stört er die Ruhe in der Gruppe. Die Erzieherin muß ihn dann auch des öfteren zur Ordnung rufen. Und da sie von etwas schroffer Art ist, geschieht das meist auf nicht allzu freundliche Weise. Manchmal schüttelt sie Cor tüchtig durch, was dann kurze Zeit vorhält.

Seine Eltern wissen davon. Oft bekommt er zu hören, daß er endlich lernen müsse, sich ordentlich zu betragen, wobei dann seine ältere Schwester als Vorbild hingestellt wird. Er müsse sich anpassen, sagen sie, sonst würde nie etwas Rechtes aus ihm werden. In der Gegend wohnen vorwiegend ältere Kinder. Cor würde furchtbar gern bei ihren Spielen mitmachen, aber meistens wird er weggeschickt. Und wenn er dann immer noch nicht locker läßt, bekommt er zuweilen einen Puff und rennt heulend nach Hause. Seine Eltern betrachten ihn als verhaltensgestörtes Kind und machen sich Sorgen um ihn. Ihr Arzt hat ein hyperaktives Syndrom diagnostiziert. Seiner Ansicht nach ist die Ursache der ganzen Probleme in einer Hirnstörung zu suchen, die das Kind während seiner schweren Geburt davongetragen hat.

Sorgen macht den Eltern auch Cors abnormes Verhalten im Umgang mit seinen beiden Freunden, die sie nicht sehen können, Cor jedoch um so besser. All ihre Versuche, ihm deutlich zu machen, daß er sich da nur etwas einbildet, haben genau den entgegengesetzten Effekt.

Der kleine und der lange Willem versuchen oft, sich vor Cor zu verstecken. Der muß dann erst nach ihnen suchen, wenn er nach Hause kommt. Sie verstecken sich hinter Schränken und unter Stühlen. Oft sitzen sie auch unter dem Bett, aber Cor weiß sie stets zu finden. Und dann beginnt die Marter für die armen Freunde. Sie bekommen Schläge, und nicht zu knapp. Die Eltern sehen ihren Sohn wüst schreiend auf einen Stuhl oder auf eine Wand einschlagen. Manchmal zerrt er auch ein Kissen vom Bett, um einen der beiden zu ersticken. Cor ist dann nicht aufzuhalten. Nach einem solchen Anfall ebbt seine Aggression ebenso schnell ab, wie sie begonnen hat. Er kann dann eine ganze Zeit mit seinen Bausteinen spielen, wobei er lange und freundliche Gespräche mit den beiden Willems führt. Cors Eltern überlegen, ob es nicht Zeit wird, einen Psychologen einzuschalten.

Opa

Der Opa von Bas ist zum großen Kummer des Jungen vor kurzem gestorben, und seitdem kommt er jeden Abend auf einen kurzen Besuch zu seinem Enkel. Sobald die Mutter Bas zugedeckt und die Kinderzimmertür hinter sich geschlossen hat, setzt Opa sich ans Fußende seines Bettes. Bas liebt seinen Opa sehr. Er kann so schön erzählen, spannende Geschichten, denen Bas gern zuhört. Manchmal machen sie auch Späße. Opa erzählt, daß er gar nicht tot ist, daß die Menschen das nur glauben. Er arbeitet nach wie vor jeden Tag auf dem Acker, und was er anbaut, wächst besser als je zuvor. Dann geht Opa wieder, und Bas schläft friedlich und entspannt. Seine Mutter weiß von Opas Besuchen. Sie findet die Sache befremdlich und sogar ein wenig beängstigend, aber sie gibt keinen Kommentar dazu ab.

Ältere Brüder

Ich habe bereits einen Abschnitt aus *Der Junge mit den lichten Augen* zitiert. Am 25. November 1886 schreibt Cyril Scott in sein Tagebuch: „Man ist doch immer aufs neue verblüfft! Man stelle sich vor, ich habe mich, was Jesus betrifft, all die Zeit geirrt. Erst gestern bin ich dahintergekommen. Doch ich finde es nicht schlimm. Wer er auch sein mag, ich habe ihn darum nicht weniger lieb, und wenn er mich auffordern würde, auf den Knien nach London zu kriechen, ich würde versuchen, seiner Bitte nachzukommen, um ihm eine Freude zu machen, wenn ich auch weiß, daß er nie so etwas Verrücktes von mir verlangen würde. Wie auch immer, er hat mir gestern das Folgende mitgeteilt, das ich Herrn Patmore gegenüber wiederholt habe und das dieser in seiner Kurzschrift aufgeschrieben und mir heute zur Übung diktiert hat: ‚Mein Sohn, die Zeit ist gekommen, dir verschiedenes zu erklären. Zuallererst: sei nicht betrübt, wenn ich dir sage, daß ich nicht Jesus bin, sondern jemand anders, der viele Leben lang dein Lehrer war und dessen Name nicht von Belang ist. Ich möchte es dabei bewenden lassen, dir zu sagen, daß wir, die wir uns bemühen, zu helfen und zu unterrichten und auch über die hierfür notwendigen Eigenschaften verfügen, es ausreichend finden, uns als „ältere Brüder" zu bezeichnen. Betrachte mich als einen von diesen älteren Brüdern, mein Sohn. Nimm zur Kenntnis, daß ich in einem asiatischen Körper wohne, den ich nach Belieben verlassen kann, um denen, die imstande sind zu sehen, im Geist zu erscheinen. Diese Fähigkeit habe ich in früheren Leben erworben. In einer Vision hast du dich vor kurzem an eines davon erinnert. Du mußt wissen, daß die Mühen, die man in einem Leben auf sich genommen hat, sich in einem anderen als Können oder Begabung bemerkbar machen. Ja, keine Anstrengung geht verloren, und der Mensch wird das, was er aus sich macht, im Guten wie im Bösen.'"

Louwkje

Als mein Sohn ungefähr vierzehn war, sagte er mir eines Abends, er habe zuweilen das Gefühl, da sei noch jemand in seinem Schlafzimmer. Er konnte niemanden sehen, fühlte aber eine Anwesenheit. Das beunruhigte und ängstigte ihn sehr.

In dieser Zeit hatte ich oft Kontakt mit Zohra Bertrand, die mit Naturheilverfahren arbeitete und auch Medium war. Während sie ihn magnetisierte, brachten wir das Problem zur Sprache. Sie schaute vor sich hin und sagte dann: „Da gibt es nichts, worüber du dir Sorgen machen müßtest. Derjenige, der sich in deinem Zimmer aufhält, ist dein geistiger Begleiter, dein Helfer in diesem Leben. Sprich mal mit ihm, und wenn es dir lieber wäre, seine Anwesenheit nicht so deutlich zu spüren, dann sage ihm das einfach."

Am nächsten Morgen, als meine Frau und ich in der Küche das Frühstück herrichteten, kam unser Sohn herein und fragte, wer Louwkje sei.

„Das weißt du doch wohl", sagte meine Frau, „deine Tante natürlich."

„Nein", sagte er, „sie sieht Tante Louwkje überhaupt nicht ähnlich. Ihr Gesicht ist rund und ihr Haar zu einem Knoten aufgesteckt. Um den Hals trägt sie eine Art Stoffband mit kleinen schwarzen Perlchen drauf."

Meine Frau schaute verdutzt auf. Dann holte sie ein Foto von ihrer Großmutter aus der Kommode. Sie hatte auch Louwkje geheißen und war 1947 in Zoutkamp gestorben. „Ja", nickte unser Sohn, „das ist sie."

Erklärungen

Diesen sieben Beispielen ließen sich selbstverständlich viele weitere hinzufügen. Und wenn wir die Fälle anschließend einen nach dem anderen untersuchen, wird sich zeigen, daß sie keineswegs alle derselben Kategorie zuzuordnen sind. Psychologen interpretieren die Freunde häufig als geistige Projektionen. Wenn im Leben des Kindes bestimmte Probleme auftauchen, kann es die entstehenden Spannungen durch die Schaffung von Phantasiefreunden kanalisieren. Derartige Phantasien können nach Ansicht der Psychologen aber auch einen anderen Zweck verfolgen. Sie können dem Kind das oft rätselhafte Verhalten seiner Umgebung verständlich machen. Auf diese Art kann es sich die Lebensregeln der Erwachsenen zu eigen machen und eigene Normen entwickeln. Das ist auch der Grund dafür, daß diese Kinder manchmal in der dritten Person über sich selbst sprechen. Sie kommentieren gewissermaßen ihr eigenes Verhalten, und bei manchen von ihnen bleibt die Beziehung zu den Phantasiefreunden lange Zeit bestehen. Doch werden vor allem jene Kinder dazu neigen, sich Phantasiefreunde zu erschaffen, die Schwierigkeiten mit der Anpassung an moralische Anforderungen haben.

Im Fall von Christine sind Kummer und Einsamkeit das Problem. Da ihr Vater so plötzlich aus ihrem Leben verschwunden ist und sie sich ihrer Mutter gegenüber schwer äußern kann, gleitet sie in die Isolation ab. Die Fröhlichkeit und Spielfreude der anderen Kinder schrecken sie nur ab. Also zieht sie sich zurück, und als Retterin in der Not taucht auf einmal José auf. Mit ihr kann Christine sprechen und spielen und auf diese Weise ihre Probleme relativieren.

Bei Edwin spielen ganz andere Faktoren eine Rolle. Dem Jungen bereitet es große Schwierigkeiten, sich den Regeln zu unterwerfen, die seine Umgebung aufstellt. Er ist häufig ungehorsam. Eine der elterlichen Aufgaben besteht darin, das Kind reif zu machen für ein Leben in der Gesellschaft. Will es als vollwertiger Bürger funktionieren können, muß es gelernt haben, daß es so etwas wie allgemeine Regeln gibt. Erziehung zur Selbstbeherrrschung ist in diesem Zusammenhang sehr wichtig. Andererseits muß das Kind auch lernen, mit seiner Freiheit umzugehen. Ein vollwertiger Bürger muß Verantwortung tragen können, und das ist ihm nur möglich, wenn er in seiner Jugend gelernt hat,

Entscheidungen zu treffen. Vielen Erziehern fällt es außerordentlich schwer, den richtigen Mittelweg zwischen diesen beiden entgegengesetzten Anforderungen zu finden. Ein Kind kann leicht widerspenstig werden, wenn man ihm immerzu nur sagt, was es falsch macht und anders anpacken sollte. Vor allem wenn es empfindsam und von Natur aus anhänglich ist, können zu viele Verbote zu starken Spannungen führen. Der Erzieher muß Optionen anbieten, die Raum für die Individualität des Kindes lassen und deutlich machen, was es darf. Auf diese Weise kann es zu einer positiven Annäherung kommen. Edwin bekommt zuviel Kritik zu hören, und um die sich daraus ergebenden Spannungen zu kompensieren, hat er Maus und Schnurrbart. Daß er Angst vor Kritik hat, zeigt sich auch darin, daß er seine Phantasiefreunde für seine eigenen Fehlhandlungen einstehen läßt. Sein Bruder betrachtet ihn als Lügner, Edwin selbst verfügt damit über ein raffiniertes Mittel, seine Schuld auf andere abzuwälzen, was ihm allerdings nicht bewußt ist.

Jannies Lachtiger verdeutlicht einen weiteren Aspekt. Selma Fraiberg sagt hierzu: „Wenn wir zu seinem Ursprung zurückgehen, entdecken wir, daß Lachtiger in direkter Linie von den wilden und bedrohlichen Tieren abstammt, die kleine Kinder in ihrem Schlaf stören. Es ist bestimmt kein Zufall, daß er in einer Zeit auftauchte, als Jannie große Angst vor Tieren hatte, die beißen und ein kleines Mädchen sogar auffressen könnten. Sogar ganz ungefährliche Hunde in der Nachbarschaft jagten ihr ab und zu Angst ein. In solchen Augenblicken hat sie sich angesichts der eingebildeten Gefahr wohl sehr klein und hilflos gefühlt. Und wenn man sich sehr klein und sehr hilflos fühlt gegenüber Gefahren, seien es nun echte oder eingebildete, ist es nicht leicht einen Ausweg zu finden, und dazu noch einen guten. Eine Möglichkeit ist, ständig in der Nähe von Vater oder Mutter zu bleiben, um sich von ihnen beschützen zu lassen. Manche Kinder machen tatsächlich eine Phase durch, in der sie sich ständig an die Eltern klammern. Das ist jedoch keine Lösung. (….) Jannie entschied sich für die Methode der Umformung. (….) Lachtiger war ein sehr wichtiger Faktor in der endgültigen Bewältigung ihrer Angst vor Tieren." Lachtiger verschwand dann auch spurlos, als Jannie ihre Ängste überwunden hatte. Selma Fraiberg zieht den Schluß: „Man tut sich leichter, die Frustrationen der realen Welt zu ertragen und sich mit deren Forderungen abzufinden, wenn man sich beizeiten in eine Welt zurückzieht, in der man mit Hilfe seiner Phantasie seine tiefsten Sehnsüchte befriedigen kann."

Die Interpretation von Cors Agressivität wird, denke ich, kein Problem bereiten. Bei ihm handelt es sich ganz deutlich um ein Abreagieren der Agression, die er in der Schule und in seiner direkten Umgebung erfährt. Man macht es sich wohl etwas zu einfach, wenn man seine Agressivität ohne weiteres auf anatomische Faktoren zurückführt, obwohl eine Hirnschädigung bei agressivem Verhalten eine Rolle spielen kann. Auf jeden Fall wird in seinem Fall eine möglicherweise latent vorhandene Agressivität durch das Verhalten seiner Umgebung verstärkt. Indem er die beiden Willems schlägt, schafft Cor eine Art von psychischem Gleichgewicht. Er selbst ist abhängig von der Willkür seiner Umgebung, und in gleicher Weise sind der kleine und der lange Willem abhängig von seiner Willkür.

Körperliches Wahrnehmen der Phantasiefreunde

Für die meisten Menschen ist mit obigem wohl ausreichend erklärt, warum die Kinder in den ersten vier Beispielen Phantasiefreunde haben. Mir fehlt allerdings eine schlüssige Erklärung dafür, daß die Kinder diese Freunde tatsächlich körperlich wahrnehmen. Projektion, Abreagieren, Anpassungsprozeß an die Normen und Werte einer bestimmten Kultur und anderes mehr, das zur Deutung ins Feld geführt wird, erklärt noch nicht, warum in den Augen des Kindes wirklich ein Freund anwesend ist, mit dem es spricht und der auf sein Verhalten reagiert. Engel oder geistige Führer? Es scheint mir etwas befremdlich, zum Beispiel in dem kleinen und dem langen Willem Engel oder Führer sehen zu wollen. Auch Lachtiger kommt hierfür meiner Ansicht nach nicht in Betracht. Der Kontakt in den ersten vier Beispielen unterscheidet sich in seiner Art grundlegend von dem der letzten drei Fälle. Sie gehören deutlich in eine andere Kategorie.

Ich zweifle nicht daran, daß Bas' verstorbener Opa imstande ist, seinen astralen Körper zu materialisieren, so daß er für den Jungen sichtbar wird und die beiden auf der astralen Ebene miteinander kommunizieren können. Zwischen Bas und seinem Großvater besteht eine starke psychische Affinität, und der Enkel hat die Gabe des Hellsehens. Das gibt dem Vertorbenen die Möglichkeit, sich vor ihm zu manifestieren. Daß Bas keinerlei Angst zeigt, sondern im Gegenteil das Kommen seines Großvaters als Trost erlebt, ist ein deutlicher Beweis für diese Affinität.

Und wie sollen wir den älteren Bruder interpretieren? Cyril Scott selbst hat viele Jahre nachdem er das Tagebuch geschrieben hat in einem Nachwort hierzu folgendes geäußert: „Was den älteren Bruder betrifft, der in diesen Aufzeichnungen eine so bedeutende Rolle spielt, besteht aller Anlaß zu vermuten, daß es sich hier um einen der Hohen Eingeweihten der Esoterischen Wissenschaft handelt, die unter Theosophen als Meister, Mahatmas oder Große Lehrer und unter Yogis als Maharishis bekannt sind. Diese hohen Wesenheiten sind, was ihre spirituelle Entwicklung anbelangt, dem ‚gewöhnlichen Menschen' weit voraus. Sie haben jede Spur von Egoismus hinter sich gelassen und streben nur danach, diejenigen zu führen und zu unterrichten, die das Verlangen und die erforderlichen Eigenschaften mitbringen, um die Menschheit im allgemeinen soviel wie möglich zu beeinflussen und voranzubringen. Zu den Methoden, derer sich die Meister bedienen, gehört die Projektion einer kraftvollen Gedankenform in den mentalen Raum, so daß Menschen, die imstande sind, auf deren Schwingungen zu reagieren, diese ausgestalten und in ihrer eigenen literarischen Form in Worte fassen können. Wer sich in den Okkultismus vertieft, wird sich also nicht darüber wundern, daß verschiedene Schriftsteller ein und denselben Gedanken zum Ausdruck bringen, obwohl sie vielleicht Tausende von Kilometern voneinander entfernt leben."

Und was Louwkje betrifft – nachdem mein Sohn mit ihr kommuniziert hatte, verschwand seine Angst und machte Platz für Vertrauen. Er hatte sie einmal vage gesehen und sie konnten Gedanken austauschen. Doch meinem Sohn war dies nicht angenehm. Also folgte er dem Rat von Zohra Bertrand und bat seine Beschützerin, sich etwas mehr im Hintergrund zu halten, was sie dann auch tat.

Gedankenformen

Ich denke, ich habe die letzten drei Fälle mit obigen Ausführungen genügend erklärt. Doch was ist mit den ersten vier Phantasiefreunden? Engel oder Führer sind sie nicht. Eine solche Hypothese könnte man wohl kaum verteidigen, auch wenn sie allesamt einen ausgleichenden und damit positiven Einfluß auf das Verhalten des betreffenden Kindes hatten.

Im vorigen Kapitel habe ich unter anderem das Thema Gedankenformen behandelt. Gedankenformen sind ein Produkt der Einbildungskraft. Ist diese stark genug, so kann die Gedankenform eine für manche Menschen sichtbare Gestalt annehmen. Wie ich bereits mehrfach dargelegt habe, ist das Fühlen und Denken bei Kindern noch undifferenziert, und das ist der Grund dafür, daß sich eine Gedankenform auf diesem kindlichen Niveau materialisieren kann. Im Grunde entspricht dies der Methode, die manche hohe Wesenheiten anwenden, wenn sie sich für Menschen materialisieren wollen. Nach Cyril Scotts Aussagen projizieren sie Gedankenenergie in den mentalen Raum. Die Wahrnehmung der Form geschieht in diesem Fall auf der spirituellen Ebene und ist auf diesem Niveau oft auditiv, das heißt, sie wird als innere Stimme gehört. Auf einem niedrigeren Niveau, nämlich auf der Astralebene, geschieht genau dasselbe, wenn Kinder Phantasiefreunde schaffen und wahrnehmen. Selbstverständlich läuft dieser Prozeß bei Kindern unbewußt ab.

Phantasiefreunde sind demnach deutlich ein „Produkt" der sinnlichen Wahrnehmung. Die Gedankenform kann auf diesem kindlichen Niveau sichtbar werden, solange das Kind an der Form festhält. Sobald dies nicht mehr der Fall ist, verschwindet sie, und das geschieht, wenn das Problem des Kindes gelöst oder eine Situation herbeigeführt ist, in der es sich sicher fühlt. Ohne sich dessen bewußt zu sein, spielt das Kind hierbei eine aktive Rolle, indem es den Phantasiefreund erschafft und wieder verschwinden läßt.

Übrigens will ich die Möglichkeit nicht ausschließen, daß kindliche Gedankenformen, die deutlich helfenden Charakter haben, von einem geistigen Begleiter des Kindes eingegeben werden. Ist es doch Aufgabe eines solchen Führers, als Helfer aufzutreten, soweit karmische Faktoren dies zulassen. Es scheint mir daher logisch, daß er dem Kind auf diese Weise eine helfende Hand reicht. Das bedeutet aber nicht, daß die geschaffene Gedankenform der geistige Begleiter selbst ist!

Doch wie steht es, wenn sich das Kind in Gegenwart eines Phantasiefreundes nicht in Sicherheit fühlt, wenn es sich sogar von ihm bedroht fühlt, so daß man eher von einem Phantasiefeind sprechen könnte?

4 Phantasiefeinde oder geistige Belagerer?

Ziemlich viele Kinder werden in ihrem jungen Leben von unerklärlichen Ängsten verfolgt. Sie können solche Ausmaße erreichen, daß sie für das Kind selbst und die verzweifelten Eltern neurotische, ja sogar pathologische Formen annehmen. Derartige Ängste äußern sich auf verschiedene Arten, zum Beispiel durch wiederkehrende Alpträume, gruselige kleine Wesen, die sich rasendschnell verstecken, sobald man sie sieht, Stimmen, die zwingende Befehle erteilen, unsichtbare Wesen, die sich unter dem Bett des verängstigten Kindes verbergen und jederzeit zum Vorschein kommen können. Die angeführten Beispiele lassen sich drei verschiedenen Kategorien zuordnen, nämlich der visuellen, der auditiven und der emotionalen Realisierung.

Alpträume

In meinem Jugendbuch *Die lichtvollen Gärten* spielt eine paranormal begabte Großmutter eine wichtige Rolle, die in ihrer Kindheit nicht wußte, wie sie mit ihren außergewöhnlichen Gaben umgehen sollte. Ich zitiere: „Eines Nachts nimmt der Traum seinen Anfang. In fröhlicher Stimmung geht sie einen Landweg entlang. Er ist rechts und links von Holzwällen eingefaßt, zwischen denen der schmale Weg immer tiefer wegtaucht, bis sie das Gefühl hat, in einem engen Tal zwischen zwei Hügeln dahinzugehen. Als sie sich dessen bewußt wird, ist die Fröhlichkeit wie weggeblasen. Sie hält an und schaut sich um. Es ist totenstill, aber es hängt eine Bedrohung in der Luft. Sie weiß nicht, was es ist, aber sie erkennt, daß sie in Gefahr ist. Ich gehe nicht weiter, denkt sie, und in diesem Moment taucht ein Monster vor ihr auf. Es gleicht einem riesenhaften Affen mit ungeheuren Augen und einem großen Maul voll bedrohlicher Zähne, aus dem der Speichel tropft. Sie dreht sich um und läuft schreiend davon, aber das Monster folgt ihr. Sie fühlt seinen heißen Atem in ihrem Nacken. Dann strauchelt sie und fällt. Das Monster packt sie, und in diesem Augenblick wacht sie auf.“

Wenn ein solcher Alptraum ein einziges Mal vorkommt, ist das für das Kind zwar im Augenblick schlimm, aber es wird ihn ziemlich schnell vergessen und er wird auf jeden Fall kaum Spuren in der kindlichen Psyche hinterlassen. Wiederholt er sich jedoch immer wieder, kann er zu einer regelrechten Bedrohung werden.

Dasselbe kann der Fall sein, wenn man Stimmen hört, bei einer auditiven Realisierung also. Dieses Phänomen kommt viel öfter vor als die meisten Menschen annehmen. Das Hören von Stimmen an sich braucht nicht bedrohlich zu sein. Von Propheten und Visionären weiß man, daß sie eine Stimme hörten, die ihnen auftrug, bestimmte Wahrheiten aufzuschreiben, und daß sie daraufhin manchmal Jahre damit verbrachten, ihre Eingebungen schriftlich festzuhalten. Sie interpretierten die Stimme als die eines hohen und weisen Wesens, welches das Beste für sie selbst und die Menschheit im allgemeinen im Sinn hatte. Bei einem kleinen Kind dagegen ist das Hören von Stimmen meist negativ befrachtet. Hier ein Beispiel:

Eines Morgens beim Aufwachen hört die kleine Heleen wie eine Stimme zu ihr sagt, sie dürfe keine Marmelade essen, weil sie sonst sterben müsse. Das Kind ist ängstlich und unsicher, denn es weiß nicht, woher diese Stimme so plötzlich kommt, also gehorcht es augenblicklich. Die Eltern sind baff, denn bis zu diesem Augenblick aß Heleen fast ausschließlich Butterbrote, die mit Marmelade bestrichen waren. Als das kleine Mädchen auf einiges Drängen hin sagt, warum sie sich nun weigert, Marmeladenbrot zu essen, wird das Problem noch größer. Die

Eltern befinden, daß sie sich nur anstellt, um mehr Aufmerksamkeit zu erlangen, denn sie hat erst vor kurzem ein Brüderchen bekommen.

Aus Befehlen, die ein Kind auf diese Weise andauernd erreichen und die ebenso deutlich klingen, als würde jemand neben ihm stehen, kann eine Zwangsneurose entstehen.

Manche Kinder haben drei oder vier derartiger geistiger Feinde, die dem Kind und der Familie das Leben ganz schön sauer machen können. All diese Stimmen fordern Aufmerksamkeit, und so entsteht im Kopf des Kindes ein permanenter Hexenkessel. Psychologen sprechen von einer multiplen Persönlichkeitsstörung, wenn es den Anschein hat, als würde sich der betroffene Mensch aus vier oder fünf Persönlichkeiten zusammensetzen. Manchmal verschwinden diese Persönlichkeiten wieder, aber es kann auch vorkommen, daß sie über Jahre hinweg Besitz von einem Menschen ergreifen, mit der Folge, daß dieser unmöglich in der Gesellschaft funktionieren kann.

Fühlen einer Bedrohung

Ich selbst hatte als Kind schreckliche Angst vor Gespenstern. Jedesmal schaute ich unter mein Bett, bevor ich hineinkroch. Meine Angst war so groß, daß ich mich ganz fest in meine Decke wickelte und diese mit beiden Fäusten festhielt, um zu verhindern, daß „sie" sie plötzlich beiseite ziehen könnten. Ich sah nichts, aber ich fühlte die Anwesenheit der „Gespenster" in der dunklen Ecke des Zimmers oder dicht neben meinem Bett. Erst als wir umzogen, legte sich die Angst ein wenig, aber es dauerte bis zur Pubertät, ehe ich sie wirklich bezwingen konnte.

Auch Poltergeistphänomene sind zuweilen in der Umgebung von sensitiven Kindern zu beobachten. Scheinbar ohne den geringsten Anlaß fliegen Gegenstände durch das Zimmer, Stühle werden umgeworfen und andere auf den ersten Blick beängstigende Phänomene machen sich bemerkbar.

Warum ist das eine Kind von derlei Dingen betroffen und das andere nicht? Woher kommen diese Ängste? Wodurch werden sie verursacht? Und wie sollen wir derartige Erfahrungen interpretieren?

Es sind häufig besonders empfindsame und sensitive Kinder, die von solchen Ängsten verfolgt werden. Sie sind sehr verletzlich und ihre Sensitivität bewirkt, daß sie sich schlecht gegen ihre negativen Erfahrungen zur Wehr setzen können, wo sie doch gerade in dieser Phase ihres Lebens dringend Stabilität und Wärme nötig hätten. Dazu kommt, daß diese Kinder eine lebhafte Phantasie haben und manchmal auch paranormal begabt sind.

Ursprung der Ängste

Für diese Ängste kommen unzählige Ursachen in Frage. Oft entstehen sie durch starke Spannungen, die sich ihrerseits aus Geschehnissen in der unmittelbaren Umgebung der Kinder ergeben.

Wenn sich die Eltern ständig streiten, kann dies verheerende Folgen für das Wohlbefinden eines sensiblen Kindes haben. Selbst wenn sie ihren Streit nicht verbal austragen, sondern sich zum Beispiel immer wieder emotional abstoßen, bekommt das Kind dies mit. Auch das Gefühl, nicht angenommen zu sein, kann schlimme Folgen haben, die man nicht unterschätzen sollte. Ein Kind, das von seinen Eltern nicht akzeptiert wird, fühlt dies unweigerlich, selbst wenn sich aus dem Verhalten der Eltern nicht schließen läßt, daß sie es eigentlich nicht wollen. Ihre Gedankenformen sprechen eine deutliche Sprache für das Kind, das sich dessen selbstverständlich nicht bewußt ist. Das Nichtangenommen-Sein kann sich in Ängsten äußern, weil die sichere Basis fehlt, die jedes Kind nun einmal zum Leben braucht.

Daß Inzest negative Folgen hat, brauche ich wohl kaum zu erwähnen. So kommt die obengenannte multiple Persönlichkeitsstörung gerade bei sexuell mißbrauchten Kindern besonders häufig vor.

Auch ein Geburtstrauma kann eine Rolle spielen. Eine schwere Geburt hinterläßt im Unterbewußtsein des Kindes einen Schock, der in einer Angst vor diesem oder jenem zum Ausdruck kommen kann. Daß das Kind bereits in der Gebärmutter Bewußtsein hat, habe ich im ersten Kapitel dargelegt. In dieser Zeit werden Spannungen der Mutter von dem Kind in seiner äußerst verletzbaren Lage unmittelbar aufgenommen. Steht die Mutter häufig unter Spannung, so kann dies eine Art Programmierung der Persönlichkeit des Kindes bewirken, die in einer Angst vor irgend etwas zum Ausdruck kommt. Weiter oben habe ich darauf hingewiesen, daß während des Zweiten Weltkriegs geborene Kinder vergleichsweise ängstlicher und nervöser waren als Kinder, die in stabileren Zeiten gezeugt wurden.

Viele Ängste in diesem Leben können in einem oder mehreren vergangenen Leben ihren Ursprung haben, wie sich bei Rückführungen in Hypnose- oder Trancesitzungen gezeigt hat. So kann zum Beispiel eine unerklärliche Angst vor Katzen darauf zurückzuführen sein, daß der betreffende Mensch in einem früheren Leben den Löwen zum Fraß vorgeworfen wurde.

Ängste können also ganz unterschiedliche Ursachen haben, so daß sie oft außerordentlich schwer zurückzuverfolgen sind. Ein ganzer Komplex von Faktoren kann dabei mitspielen.

Sensitive und ängstliche Kinder empfinden sich häufig als Spielball von Kräften, die sie nicht in der Hand haben. Und oft bleibt ihrer Umgebung nichts als machtlos zuzusehen.

Negative Gedankenformen

Im letzten Kapitel habe ich die Phantasiefreunde als Materialisationen von Gedankenformen gedeutet und außerdem die Möglichkeit einer Manifestation von hilfreichen Wesen aus der „anderen Welt" erwähnt.

Die Frage ist nun, ob wir diesen Standpunkt auch im negativen Sinne vetreten können, also ob auch die Phantasiefeinde Ausdruck von Gedankenformen sind und wir auch von einer Manifestation bösartiger Wesen ausgehen müssen? Ich glaube schon. Wenn die Angst so groß ist, daß sie in eine Neurose ausartet, kann die Einbildungskraft mit dem Kind durchgehen und Phantasiefeinde entstehen lassen.

Die Angst kann in der Symbolsprache eines Alptraums zum Ausdruck kommen. Während normale Träume harmonisierend wirken, indem sie die Spannungen des vergangenen Tages kanalisieren und verarbeiten, sind Alpträume ihrem Wesen nach psychische Blockaden, in denen die Spannungen gleichsam gefangen sind und keinen Ausweg finden. Die Spannung nimmt dann eine symbolisch passende Gedankenform an. Erscheinungen wie das Ungeheuer im Alptraum des kleinen Mädchens drücken aus, daß sich das Kind tagsüber bedroht fühlt durch Umstände, die zu groß für es sind.

Das Hören von Stimmen kann eine Fluchthaltung sein, ein Mittel, um sich vor der Außenwelt zu verstecken. Die Stimme zwingt das Kind, Dinge zu tun, die scheinbar ohne seinen Willen geschehen, doch im Grunde kann sich das Kind auch dahinter verbergen. Das geschieht natürlich nicht bewußt, denn das Kind selbst empfindet das Phänomen ebenfalls als außerordentlich unangenehm. Es ist ein Prozeß, der sich in seinem Unbewußten abspielt, ähnlich wie das bei vielen Prozessen der Fall ist, die mit Phantasiefeinden zusammenhängen. Auch die Stimme kann also eine Gedankenform sein, eine auditive Realisierung.

Angst vor unsichtbaren Wesen kann, muß aber keine emotionale Realisierung sein. Die Angst kann auch dadurch ausgelöst werden, daß das Kind etwas nicht begreift. Es fühlt sich dann als Fremdling auf der Erde, isoliert und unverstanden. Dieses Gefühl der Verfremdung setzt die Phantasie des Kindes in Gang. Die Einbildungskraft schafft Formen, die zwar unsichtbar, aber für das Kind gefühlsmäßig durchaus vorhanden sind. Die Angst vor dem Dunkel ist vielen Kindern gemeinsam. Wenn die Gedankenform jedoch so stark wird, daß sie den Charakter einer Neurose annimmt, kann dies Anlaß zur Sorge sein.

Poltergeistphänomene

Beim Poltergeistphänomen kommt ein ganzer Komplex von Gedankenformen ins Spiel. Martine Busch schreibt darüber in ihrer Studie *Waar haalt hij het vandaan?* (Wie kommt er nur drauf?). Übrigens erklärt sie die Erscheinungen nicht als Gedankenformen, sondern als eine Form der Psychokinese. Nach einigen Ausführungen über Psychokinese fährt sie fort: „Auch beim Poltergeistphänomen handelt es sich um Beeinflussung von Materie, doch in diesem Fall um eine unbewußte. Überdies sind die Auswirkungen hier viel stärker: Tische bewegen sich, Schränke wackeln, Türen öffnen und schließen sich – und all dies von selbst. Aus diesem Grund und auch weil die Betroffenen sich nicht bewußt sind, daß sie diese Erscheinungen hervorrufen – sie beabsichtigen schließlich nichts dergleichen –, sehen wir die Poltergeisterscheinungen nur allzu leicht als etwas von außen Kommendes an. Es ist jedoch dasselbe Prinzip wie bei der Psychokinese, nur handelt es sich hier um sehr starke, spontane und unbewußte Ausbrüche. Der Begriff „Poltergeist" ist also eigentlich falsch, denn mit „Geistern“ hat das alles keineswegs zu tun.

In der Parapsychologie spricht man denn auch lieber von RSPK (*Recurrent Spontaneous Psychokinesis*: wiederholt spontan auftretende Psychokinese). Busch erklärt das Phänomen so: „Poltergeisterscheinungen sind Äußerungen unterdrückter Spannungen. (...) Die Spannungen suchen einen Ausweg, und in diesem Fall finden sie ihn auf paranormale Weise. Gerade wegen der Art der zugrundeliegenden Problematik – Spannungen in Zusammenhang mit Beziehungen – kommt das Poltergeistphänomen besonders häufig in der Pubertät vor.“

Nun ist die Behauptung, daß das Poltergeistphänomen eine Form der Psychokinese sei, natürlich keine Erklärung. Denn was geschieht bei der Psychokinese?

Hier ist die bewußt auf ein Objekt zentrierte Gedankenkraft so groß, daß die daraus entstehende Gedankenform imstande ist, den Gegenstand zu bewegen. Bei der Psychokinese handelt es sich also um einen bewußten Prozeß, während beim Poltergeistphänomen dasselbe unbewußt und daher unkontrolliert abläuft. Die in dem Kind angestauten enormen Spannungen schaffen einen Komplex von Gedankenformen, die imstande sind, ein Zimmer in ein Chaos zu verwandeln.

Besessenheit

In streng christlichen Kreisen werden sämtliche Erscheinungen, die auf der paranormalen Ebene liegen, oder von denen angenommen wird, daß sie in diese Kategorie gehören, als Werk des Teufels interpretiert. Dieser Standpunkt hat schon sehr viele Menschen in große Schwierigkeiten gebracht. Mit der Bibel in der Hand kann man schließlich beweisen, daß Jesus Teufel ausgetrieben hat. Berühmt ist die tragische Geschichte von dem Mann, den Jesus von einer ganzen Horde von Teufeln befreite. Diese plötzlich ihrer „Wohnung" beraubten Unholde wurden in eine Herde grasender Schweine geleitet, worauf die Tiere in Panik einen Abhang hinunterrannten und sich in den See Genezareth stürzten.

Besessenheit ist ein sehr kompliziertes Problem. Es zeugt von wenig Realitätssinn, die Existenz negativer Kräfte zu verneinen. Meiner Ansicht nach sind auf unserer Erde sehr wohl böse Entitäten wirksam, die bewußt darauf aus sind, Harmonie und Einssein zu stören. Wie hochentwickelte Wesenheiten Gedankenformen schaffen, um sich zu manifestieren und Liebe und Weisheit unter die Menschen zu bringen, so gibt es auch böse, die ihren negativen Kräften Form geben können, um Menschen zu bedrohen.

So können Stimmen von einer negativen Gedankenenergie stammen, die nicht aus dem Kind selbst kommt, sondern von einer Wesenheit, deren Ziel es ist, die Harmonie zu stören. Die Furcht vor Geistern kann eventuell auf die Anwesenheit einer negativen Gedankenenergie hindeuten. Und auch Poltergeistphänomene können verursacht werden durch von außen kommende Gedankenformen, die einen Menschen bedrohen sollen. Aber in den meisten Fällen stammt die Gedankenform wohl aus dem Kind selbst.

Gegenkräfte

Die Macht des Bösen sollte nicht unterschätzt werden. Es gibt ein esoterisches Gesetz folgenden Inhalts: Je reiner ein Mensch ist oder sich bemüht zu sein, desto stärker ist die Gegenkraft, die von außen auf ihn einwirkt. Berühmte Beipiele sind die Versuchungen von Heiligen, allerdings stets interpretiert in der christlichen Tradition.

Wir erkennen die Wirkung einer solchen Gegenkraft auch in der Gesellschaft: Je stärker die positiven Kräfte werden – wozu die sich in großer Zahl inkarnierenden Kinder dieser Zeit einen wesentlichen Beitrag leisten – desto stärker werden auch die negativen.

In den kommenden spannenden Jahren, die den Beginn des neuen Zeitalters markieren, wird das Spannungsfeld zwischen Gut und Böse noch stärker werden als es gegenwärtig schon ist. Aus diesem Grund ist es ganz besonders wichtig, daß möglichst viele Menschen zu einer positiven Lebenseinstellung finden und auf diese Weise positive Gedankenformen schaffen. Ich bin überzeugt, daß letzten Endes das Gute siegen wird.

5 Naturwesen

Daß kleine Kinder in einer völlig anderen Welt leben als Erwachsene, zeigt sich auch darin, daß viele von ihnen mit Naturwesen vertraut sind. Doch wenn ein kleiner Knirps behauptet, eine Elfe oder einen Zwerg gesehen zu haben, sind viele Eltern nur allzu schnell geneigt, diese Wahrnehmung seiner ungezügelten kindlichen Phantasie zuzuschreiben. Schließlich hat die Mutter ihm gestern aus einem Märchenbuch vorgelesen! Was das Kind zu sehen behauptet, wird zweifellos beeinflußt durch die Suggestion, die von dem Vorgelesenen ausgeht.

Es gibt unzählige Bücher, in denen Märchengestalten vorkommen, und Kinder zeigen bis ungefähr zum siebten Lebensjahr großes Interesse an diesen Geschichten, die für die Erwachsenen meist in dieselbe Kategorie fallen wie Science Fiction und Horrorgeschichten. Es gibt nur wenige Erwachsene, die eine Aussage wie „Mama, ich sehe da ein Elfchen" oder „Da bei dem Baum sitzt ein Zwerg" ernst nehmen. Und dennoch existiert eine umfassende Literatur über diese Wesen, die ihre Existenz durchaus ernst nimmt. Es gibt hierzu interessante Theorien.

Der Glaube an die Existenz von Naturwesen ist in England, Schottland, Irland, Island und Skandinavien ziemlich allgemein verbreitet. Unzählige Geschichten sind im Umlauf über ihr Auftreten und ihr oft nachteiliges Eingreifen in die Geschicke der irdischen Sterblichen. Die Geschehnisse, von denen sie berichten, sind dem Bereich der Sagen und des Volksglaubens zuzuordnen. Phantasie und Wirklichkeit sind hier unentwirrbar verwoben, doch für das gemeine Volk steht die Existenz von Naturwesen außer Frage.

Wer sich die Mühe macht, sich in okkulte und esoterische Literatur über dieses Thema zu vertiefen, wird überraschende Entdeckungen machen. Auch in der Gedankenwelt der Theosophie und der Anthroposophie spielen Naturwesen – oft als Elementale oder Devas bezeichnet – eine wichtige Rolle. Der Umgang mit diesem Thema verlangt einen offenen und unvoreingenommenen Geist.

Die Baumeister

In *Eine Abhandlung über die sieben Strahlen*, einem von Djwal Khul inspirierten Werk Alice Baileys über das Entstehen des Kosmos und die Rolle, die die verschiedenen Existenzformen in diesem Prozeß spielen, werden die Naturwesen als tatsächlich existierend beschrieben. Sie gehören dem ätherischen oder astralen Schwingungsbereich an, einer Dimension also, zu der auch wir gehören, die wir aber mit unseren physischen Sinnen nicht wahrnehmen können, außer wir sind hellsichtig. Es handelt sich, je nach Art, um mineralische, flüssige oder gasförmige Entitäten (obwohl diese Terminologie ihrem Wesen nicht gerecht werden kann), die für den Aufbau von irdischen Erscheinungsformen, darunter auch des Menschen (!) von außerordentlicher Bedeutung sind, und die aus diesem Grund als Baumeister qualifiziert werden. Alice Baileys Abhandlung ist für in der esoterischen Materie fortgeschrittene Leser geschrieben. Um sie zu verstehen, bedarf es eher intuitiven Einfühlungsvermögens als rationaler Interpretation.

Farbige Lichtwolken

Der Engländer Gardner sagt über Naturwesen unter anderem: „Elfen haben Körper, deren Dichte unter der von Gasen liegt, aber es wäre ein großer Irrtum anzunehmen, daß sie deshalb nicht real existierten. Auf ihre Art sind sie ebenso wirklich wie wir selbst und erfüllen im Bereich des pflanzlichen Lebens sehr wichtige Aufgaben. (...) Die Naturgeister von Feld, Wald und Garten haben die Aufgabe, die Verbindung zwischen der stimulierenden Energie der Sonne und dem Rohmaterial der Form zustandezubringen. (...) Sie haben keine deutlich umrissene Form im eigentlichen Sinne und lassen sich nur als kleine, verschwommene Farbwölkchen von einiger Leuchtkraft beschreiben, mit einem helleren Kern, der an einen Funken erinnert. (...) Die menschliche Miniaturgestalt wird, wenn die Umstände dafür günstig sind, im Nu geschaffen. Diese Form bleibt eine Zeitlang bestehen, und es ist nicht zu verkennen, daß diese deutliche und verhältnismäßig konkrete Form für sie eine ungewohnte Quelle der Freude ist. (...) Und was ihre Form bestimmt: Man könnte hier an den Einfluß des menschlichen Gedankens denken."

Eine Gedankenform also? In diesem Zusammenhang ist es ungemein interessant zu lesen, was der Theosoph Leadbeater in seinem Buch *Hidden Side of Things* (Die verborgene Seite der Dinge) schreibt. Leadbeater verfügte über beachtliche hellseherische Fähigkeiten, die es ihm möglich machten, Naturwesen von allerlei Art und Rang wahrzunehmen. Er sagt: „Die kleinen Wesen, die für die Blumen sorgen, können in zwei Hauptkategorien unterteilt werden, obwohl es natürlich innerhalb dieser Kategorien Variationen gibt. Die erste Kategorie könnte man zu Recht als Naturgeister bezeichnen, denn so schön sie auch sein mögen, sie sind in Wirklichkeit nichts anderes als Gedankenformen. (...) Wenn sie ihre Aufgabe erfüllt haben, zerfallen sie und lösen sich in der sie umgebenden Luft auf, genau wie das auch unsere Gedankenformen tun. In diesem Fall handelt es sich jedoch um Gedankenformen von Hohen Wesen oder Engeln, die das Reich der Pflanzen betreuen. (...) Doch da ist noch eine andere Art von kleinen Wesen, die man zuweilen beim Spiel mit Blumen antrifft, und das sind die echten Naturgeister. Auch innerhalb ihrer Kategorie gibt es viele Variationen." Leadbeater sagt, daß Elfen ätherische Körper haben und die etwas höhere Form der Sylphen astrale.

„Fragt einmal die Bienen"

Wer sich zum erstenmal in dieses Thema vertieft, dem kommt der Ernst, mit dem darüber geschrieben wird, häufig höchst absurd vor. Sind doch die meisten Erwachsenen so fest in der materiellen Welt verankert, daß sie verlernt haben, die Dinge unbefangen wahrzunehmen.

Rudolf Steiner, der Vater der Anthroposophie, hatte eine klare Meinung über Naturwesen. Zwischen 1907 und 1923 hat er ihnen eine Anzahl von Vorträgen gewidmet. Eine Auswahl erschien 1990 in Buchform unter dem Titel

Pfingsten, das Fest der freien Inidividualität. Steiner ist sich sehr wohl des besonderen und für viele Menschen nicht zu akzeptierenden Charakters seiner Darlegungen bewußt. In einem Vortrag, den er am 7. Juni 1908 in Köln hielt, sagte er: „Wenn man von Naturwesenheiten spricht, dann betrachtet der heutige Mensch das als Aufwärmung eines alten Aberglaubens. Daß jene Worte, die unsere Vorfahren gebrauchten, auf Wirklichkeit sich gründen – wenn jemand behauptet, daß Gnomen, Undinen, Sylphen und Salamander etwas Wirkliches bedeuten – dann gilt das als alter Aberglaube. (...) Man möchte erwidern: Fragt einmal die Bienen. Und könnten die Bienen reden, so würden sie antworten: Für uns sind die Sylphen kein Aberglaube, denn wir wissen ganz gut, was wir von den Sylphen haben! Und derjenige, dessen geistige Augen geöffnet sind, kann verfolgen, welche Kraft es ist, die das Bienlein hinzieht zur Blume. ‚Instinkt. Naturtrieb' wie der Mensch antwortet, sind leere Worte. Wesenheiten sind es, welche die Bienen hinleiten zum Blumenkelch, um sich dort Nahrung zu suchen, und im ganzen Bienenschwarm, der nach Nahrung ausschwärmt, sind Wesenheiten tätig, die unsere Vorfahren Sylphen nannten." Auch für Steiner existieren die Naturwesen in einem Schwingungsbereich, den er ätherisch beziehungsweise astral nennt.

Es fällt auf, daß Steiner in seinen Ausführungen unsere Ahnen erwähnt. Er huldigt also ausdrücklich der Auffassung, daß Wesen aus nichtstofflichen Frequenzbereichen in früheren Zeiten häufiger wahrgenommen wurden als das heutzutage der Fall ist. Und damit kommen wir zu einem anderen Aspekt des Themas.

Mythen und Sagen

Wer sich mit alten Mythen und Sagen beschäftigt, wird bald entdecken, daß sie – ähnlich wie die Geschichten für Kinder – mit Wesen bevölkert sind, die nicht zu unserer physischen Welt gehören. Orpheus war mit Euridice verheiratet, einer Wassernymphe. Die keltischen Druiden, von denen gesagt wird, daß sie hellsichtig waren, erfuhren Pflanzendevas als Teil ihrer normalen Realität.

Auch in der germanischen Überlieferung finden wir Hinweise auf Naturwesen. In der Edda wird das Lebensschicksal von den drei Nornen gesponnen. In den nordischen Sagen wimmelt es nur so von Trollen. Waren denn unsere Urahnen solche Phantasten? Waren sie geistig noch Kinder, deren Möglichkeiten keine Grenzen kennen? Oder hatten sie tatsächlich die Gabe, Dinge zu sehen, die wir nicht mehr sehen können?

Der Psychologe C. G. Jung hat zu diesen Fragen eine interessante Theorie entwickelt. Jung geht davon aus, daß es tatsächlich eine Zeit gab, in der sich das physische Wahrnehmungsvermögen des Menschen in einem Frühstadium befand. In einer Zeit, in der der Mensch noch kein Selbst-Bewußtsein entwickelt hatte, war er noch sehr stark Teil der Natur. Sein Bewußtsein hatte noch astralen Charakter und war vorrangig auf primäre Bedürfnisse und Begierden ausgerichtet. Seine hellseherischen Gaben befähigten den Menschen, Entitäten von anderen Schwingungsebenen wahrzunehmen, die auch Teil seines täglichen Lebens waren.

Nach der Entwicklung eines Selbst-Bewußtseins, die den Menschen gewissermaßen aus dem Paradies verstieß, machte er sich andere kommunikative Potentiale zu eigen (zum Beispiel nahm das Sprachvermögen beträchtlich zu), so daß bestimmte Fähigkeiten an Bedeutung verloren und in den Hintergrund gerieten. Neben der psychischen Wahrnehmung, die den Urmenschen kennzeichnete, entwickelte sich die physische. Jung geht davon aus, daß kollektive unbewußte Erinnerungen an diese Urzeit noch in uns verankert sind. Sie sind Teil des Menschen in seiner Ganzheit und liegen sozusagen auf dem Grund unseres Unbewußten.

In alten Erzählungen spielen die Erinnerungen des Menschen an die Urphase seiner Existenz eine wichtige Rolle. Sie wurden anfangs mündlich weitergegeben und erst sehr viel später auch aufgezeichnet, mit all den Modifikationen, die eine mündliche Überlieferung nun einmal mit sich bringt. Interessant an dieser Theorie ist der Gedanke, daß die Fähigkeit, Entitäten anderer Ebenen wahrzunehmen, eine Eigenschaft des Menschen ist, der seine Umwelt noch unbefangen und auf anderem spirituellem Niveau erfährt. Als die menschliche Evolution noch in den Kinderschuhen steckte und der Mensch noch kein Bewußtsein seiner selbst entwickelt hatte, war das Wahrnehmen von Naturwesen etwas ganz Normales.

Ich erwähnte eben, daß das Wahrnehmen von Naturwesen für den Urmenschen eine Form der psychischen Wahrnehmung war. Das bedeutet, daß diese Wahrnehmung gleichzeitig auch Kommunikation war. Die Urmenschen schauten die Naturwesen nicht nur an, sie kommunizierten auch mit ihnen, und es fand eine gegenseitige Beeinflussung statt.

Im neuen Zeitalter

Nun, da wir im Begriff sind, in das neue Zeitalter überzuwechseln, beobachten wir, daß immer mehr Menschen imstande sind, mit diesen Wesen zu kommunizieren, wie es unsere Vorfahren in einer fernen Vergangenheit konnten. Nur findet diese Kommunikation auf einem höheren, spirituelleren Niveau statt als in vergangenen Zeiten. Immer häufiger hören wir Berichte von und über hochentwickelte Menschen, die mit Naturwesen in Kontakt stehen, und der Grund dafür wird auch deutlich angegeben: Die zunehmende Umweltverschmutzung droht unsere Erde unbewohnbar zu machen. Eine Aufgabe des neuen Menschen wird darin bestehen, einen aktiven Beitrag zu Verbesserung unserer Lebensbedingungen zu leisten. Diese neuen Menschen leben bereits unter uns. Doch auf den modernen Durchschnittsmenschen wirken sie weltfremd. Ihre Mentalität und die geistige Kraft, die sie ausstrahlen, wird interpretiert als Lebenseinstellung von Menschen, die nicht mit beiden Beinen auf der Erde stehen. Das ist einer der Gründe, warum diese neuen Menschen es so schwer haben. Es wird Zeit, daß wir sie ernst nehmen.

Findhorn

Wie tiefgehend die Auswirkungen eines direkten Kontakts mit diesen Wesen sein können, beschreibt Dorothy McLean – die eindeutig zu den Menschen des neuen Zeitalters zählt – auf packende Weise in ihrem Buch *Du kannst mit*

Engeln sprechen. Sie war eine der wichtigen Kontaktpersonen zwischen Menschheit und Devas in der aufsehenerregenden Findhorn-Siedlung. Auf der spirituellen Ebene führte sie Gespräche mit den Devas, die ihr Instruktionen für die Pflege der Pflanzen gaben. Das bekannte verblüffende Resultat dieses Austauschs ist ein paradiesischer Garten auf unfruchtbarem Sandboden im rauhen schottischen Klima.

Dorothy McLean gehörte zu den stimulierenden Kräften hinter dem Findhorn-Experiment, über das sie in ihrem Buch Bericht erstattet. Daß es gelingen konnte, ist ihrem Kontakt mit den Naturwesen zu verdanken.

Sie hat eine lange und dramatische Entwicklung durchgemacht, bevor sie zu ihrer Ganzheit fand, aber schließlich war sie so weit, daß sie auf ihre innere Stimme hören konnte, die Stimme ihrer Intuition. Diese Fähigkeit ist die Vorbedingung für eine Zusammenarbeit mit Naturwesen. Was ihre innere Stimme für sie bedeutet und in welcher Relation dazu die Stimmen von außen stehen, die die materialistische Welt repräsentieren, hat Dorothy McLean überzeugend in Worte gefaßt: „Die innere Stimme ist sanft und liebevoll und von unglaublicher Milde, die äußeren Stimmen sind hart und schneidend. Die innere Stimme ist voll Liebe für dich und für alles, was ist. Den äußeren Stimmen geht es um Belange des falschen Selbst, um falsche Werte, um Dinge, die das Göttliche im Menschen erniedrigen. Die innere Stimme verfolgt entschlossen ein Ziel, die äußeren Stimmen wissen nicht, wonach sie suchen, verfolgen erst ein, dann ein anderes Ziel, und all ihre Ziele beschädigen die Würde des Menschen. Die innere Stimme drängt die Seele zur Vervollkommnung, die äußeren Stimmen führen zu blinder Zerstörung. Die innere Stimme spricht von Schönheit, die äußeren von kalten Fakten. Die innere Stimme hegt die Wahrheit als einen schätzenswerten Keim, die äußeren Stimmen pressen sie in eine Form, die nur der Falschheit dient. Die innere Stimme sorgt sich um das Geschick aller, den äußeren geht es nur um das Vorankommen einer Person ..."

Als sie die geistige Reife erreicht hatte, die sie in die Lage versetzte, unmittelbar mit den Naturwesen zu kommunizieren, notierte sie, was ihre innere Stimme ihr hierzu sagte: „Ja, ihr könnt am Gedeihen des Gartens mitwirken. Denkt zuerst einmal über die Naturwesen nach, die höheren lichtvollen, und stimmt euch auf sie ein. Das ist so ungewöhnlich, daß es ihr Interesse wecken wird. Sie werden überglücklich sein, Angehörige der menschlichen Rasse zu finden, die ihre Hilfe wünschen. Das ist der erste Schritt. Unter höheren Naturwesen verstehe ich hier diejenigen, die mit veränderlichen Formen wie Wolken und Regen oder mit Gemüse im allgemeinen verbunden sind. Die kleineren individuellen Naturgeister stehen unter ihrer Oberherrschaft. In der kommenden neuen Welt werden diese Bereiche den Menschen offenstehen oder – besser gesagt – die Menschen werden offen für sie sein. Seid also offen, sucht mit Sympathie und Verständnis in die wunderbaren Reiche der Natur einzudringen, immer in der Gewißheit, daß dort Lichtwesen sind, die hilfsbereit, doch den Menschen gegenüber mißtrauisch und auf der Hut vor Falschheit sind. Haltet euch an mich, und sie werden kein Falsch an euch finden. So werdet ihr alle zusammen auf das kommende Neue hinarbeiten."

Doch auch die Naturwesen selbst läßt sie zu Wort kommen: „Unser Wesen ist Macht – eine nichtige Wurzel kann einen Fels sprengen – und Macht kann für vielerlei Zwecke gebraucht werden. (....) Die Energien unserer Welt und der euren sind gewaltig. Sie bedrängen uns und rufen danach, entfesselt und benutzt zu werden. Macht ist überall, doch ein großer Teil davon liegt außer eurer Reichweite, weil ihr so eingeengt seid durch die Begrenzungen, die eure Selbstsucht euch auferlegt. Wir gebrauchen diese Energien, diese Macht in großem Ausmaß wie in kleinen konzentrierten Portionen. (...) Wir gebrauchen sie nach Plan und zum Nutzen des Ganzen."

Auch Marko Pogacnik hat eine sehr starke Bindung an die Naturwesen, die er eindeutig als eigene Existenzformen erlebt. In der Einleitung zu seinem Buch *Elementarwesen.Die Gefühlsebene der Erde* sagt er voraus: „Wie meine in diesem Buch beschriebenen Erfahrungen und immer zahlreicher werdende Berichte anderer sensitiver Menschen zeigen, scheint die Zeit gekommen, da diese Wesenheiten von uns Menschen wieder als real wahr- und ernstgenommen werden wollen, denn sie sind für alle energetischen Prozesse und gefühlsmäßigen Beziehungen innerhalb der Naturreiche, einschließlich der Tier- und Menschenwelt, zuständig." Die Welt, die Pogacnik in seinem Buch beschreibt, wird so manchem Leser erstaunlich und hier und da sogar unglaubwürdig vorkommen, doch er beschreibt diese Welt mit der Souveränität eines Menschen, der einem anderen Auskunft über etwas so Alltägliches wie ein Haus gibt.

Die Fähigkeit, Naturwesen wahrzunehmen, setzt ein spirituell hoch entwickeltes Bewußtsein voraus. Über ein solches Bewußtsein verfügen viele Kinder des neuen Zeitalters. Von ihrer Psyche, ihren Aufgaben und ihren Problemen sollen die folgenden Kapitel handeln.

6 Die Menschen des neuen Zeitalters

Die Spiritualität vieler Menschen des neuen Zeitalters ist eine subtile, denn sie kommen aus einer höheren Sphäre. Es sind „alte Seelen", die bewußt Gebrauch von ihren hochentwickelten Fähigkeiten machen und in direkter Verbindung mit hohen Geistwesen stehen. Sie wissen um den Kreislauf des Lebens, und diese Einsicht färbt ihre Persönlichkeit und ihr Verhalten.

Reinkarnation

Für viele Menschen ist die Vorstellung eines Kreislaufs aus irdischem Leben, Sterben, Leben im Jenseits und Wieder-geboren-Werden noch immer seltsam oder befremdlich. Doch dieser Reinkarnationsgedanke ist logisch und war auch dem frühen Christentum bekannt. Er bietet eine Erklärung für die Mannigfaltigkeit der Menschen, für ihr unterschiedliches Entwicklungsniveau und für die oft höchst eigenartigen menschlichen Schicksale. Er erklärt auch, warum der Mensch nicht als unbeschriebenes Blatt zur Welt kommt, denn er hat ja bereits lange Erfahrungen durchlaufen. Er macht deutlich, aus welchem Grund das Bewußtsein der einzelnen Menschen so unterschiedlich hoch entwickelt ist.

Das Leben in den Sphären

Ein Mensch, der gestorben ist, hat seinen grobstofflichen Körper verlassen. In feinstofflicheren Körpern lebt er in anderen Welten fort. Je reiner seine Seele ist, desto höher ist die Ebene, auf die er gelangt. Der Mensch kann nicht höher steigen, als es sein geistiges Niveau zuläßt. Die Erfahrungen, welche die Seelen in der höheren astralen Welt oder, noch höher, in der mentalen oder intuitiven Welt machen, sind von überwältigender Schönheit und Reinheit. Dazu kommt, daß sich der Mensch in den Sphären in hohem Maße seiner selbst bewußt ist. Das Bewußtsein ist viel klarer als im irdischen Leben. Die Schönheit und Reinheit und das unbeschreiblich Erhabene, das man in den höheren Sphären bewußt erlebt, verleihen der Seele Tiefe. Sie kann so bereits etwas vom göttlichen Geist in sich erfahren. Es ist das, was der Volksmund als „Ruhen in Gott" bezeichnet, wobei wir das Ruhen nicht als Nichtstun interpretieren sollten. Auch auf diesen Ebenen arbeitet die Seele an ihrer Entwicklung, denn so hoch sie auch gestiegen sein mag, sie erkennt in aller Deutlichkeit, daß es ein Noch-höher gibt. „Gemischte Erfahrungen" jedoch, wie die Seele sie im irdischen Leben machen kann, sind dort nicht möglich. Um wachsen zu können, höher zu steigen im Licht und letzten Endes eins zu werden mit dem Kosmos, der reine Göttlichkeit ist – im Buddhismus Nirwana genannt – ist es oft nötig, in einer Krisensituation die freie Wahl zu haben. Eine solche Krisensituation aber ist nur im irdischen Leben möglich. Aus diesem Grund entscheidet sich die Seele im Laufe der Zeit, von neuem zu inkarnieren, wobei sie geistige Hilfe und Anregung erhält. Je mehr der Mensch sich seiner selbst bewußt wird, desto deutlicher erkennt er, an welchen Aspekten er noch arbeiten muß.

Zurück zur Erde

Unter der Leitung höherer Intelligenzen wird ein Entwurf für das neue Leben gemacht, auf dem der Ablauf dieses Lebens in groben Zügen skizziert ist. Aber eben nur in groben Zügen; nichts ist endgültig festgelegt. Der Mensch hat in jeder Situation seines Lebens auf dieser Erde die freie Wahl. Nur das Grundmuster ist erkennbar. Es wird gleichsam eine Entscheidung für die geistige DNS getroffen, jenen Code, nach dem im späteren Leben auf der Erde die geistigen Gene für die Programmierung der Persönlichkeit gebildet werden. Der Mensch bekommt, wie in einem Film, eine Zusammenfassung sämtlicher Leben zu sehen, die er bisher geführt hat. Auf diese Weise läßt sich genau bestimmen, an welchen Aspekten seiner Entwicklung es hapert und woran noch gearbeitet werden muß.

Je höher die Seele entwickelt ist, desto genauer wird der Lebensplan mit dem göttlichen Plan übereinstimmen, dem auch die Erde und auf einer höheren Ebene der Kosmos unterliegt. Es kommt vor, daß eine Seele, die ihr irdisches Karma aufgelöst hat und die ihre Weiterentwicklung auf einer höheren Ebenen fortsetzen könnte, den Entschluß faßt, zur Erde zurückzukehren. Es versteht sich von selbst, daß solche Seelen von außergewöhnlich tiefer Liebe getragen sind und große Weisheit erworben haben. Derartige Entscheidungen werden in Zeiten getroffen, in denen die Erde eine Krise zu bewältigen hat. Es sind oft Übergangssituationen, in denen starke Impulse von oben zur Umorientierung einer Kultur in völlig neue Richtungen führen können. In solchen Zeiten stellen sich alte Seelen zur Verfügung, um bei der Umsetzung dieser Impulse Hilfe zu leisten, denn neue Impulse erfordern starke Persönlichkeiten, deren Seelen eine hohes Entwicklungsniveau erreicht haben. Auf ihrem Weg zurück zur Erde sind sie jedoch denselben Gesetzen unterworfen wie die weniger entwickelten Seelen. In dem Maße, in dem die Seele hinabsteigt und sich in dichtere Körper kleidet, nimmt das Bewußtsein für ihre Situation ab.

Die hochentwickelte Seele bestimmt selbst, wo sie geboren werden will, und wählt sich auch ihre Eltern selbst. Obwohl sie durch die dichter werdenden Vehikel, mit denen sie sich bekleidet, nur mehr über ein sozusagen gedämpftes Bewußtsein verfügt, weiß sie noch sehr wohl, was mit ihr geschieht. Für viele Seelen ist das eine Situation gespannter Erwartung. Wie wird das Leben verlaufen? Wir müssen uns klarmachen, wie groß der Gegensatz zwischen dem schwerelosen Glückszustand und der dichten irdischen Sphäre ist. Der Weg zurück ins irdische Leben ist nicht einfach. Obwohl die Seelen diesen Weg letzten Endes selbst gewählt haben, empfinden viele ihn als ein Sterben, als ein Verstoßen-Werden aus einem himmlischen Paradies der Wärme und Harmonie.

Gegenwärtig, am Beginn des Wassermannzeitalters gibt es überall auf der Erde Krisensituationen. Die geistigen Impulse, die dem göttlichen Plan gemäß Anstoß zu großen und großartigen Veränderungen geben, werden immer stärker. Damit wächst auch die Zahl der Seelen, die sich aus Liebe zur Verfügung stellen, um diese Impulse umsetzen zu helfen. In dieser unserer Zeit werden unzählige Kinder geboren, die eine große und weise Seele haben. Eine solche Seele kennzeichnet sich durch verschiedene Eigenschaften, die deutlich von den Eigenschaften der Menschen alter Prägung abweichen.

Die Menschen des neuen Zeitalters

Die Seele eines Neugeborenen verfügt bereits über große Lebensweisheit und eine tiefe Einsicht in kosmische Prozesse. Diese Auffassung scheint in Widerspruch mit so ziemlich sämtlichen Theorien zu stehen, die von Kinderpsychologen entwickelt wurden. Immerhin ist das Kind verletzlich und sich seiner Umwelt zunächst nicht bewußt, deren „Regeln" es sich erst durch Erfahrung zu eigen machen muß. Wie ist dies zu vereinbaren?

Die Kinderpsychologie befaßt sich überwiegend mit den Merkmalen der Persönlichkeit, wobei die Betonung auf dem Verhalten liegt. Wir müssen uns vor Augen halten, daß die typischen Eigenschaften der neuen Menschen psychischer Natur sind. Es sind Merkmale der Seele. In dem Maße, in dem sich die Persönlichkeit als Ausdruckform unseres irdischen Daseins entwickelt, werden diese Seeleneigenschaften in den Hintergrund gedrängt, beim einen mehr, beim anderen weniger. Sie sind dann Teil des Überbewußten.

Das Bewußtsein ist das Ausdrucksmittel der Seele. Damit das Individuum harmonisch im irdischen Leben funktionieren kann, müssen Persönlichkeit und Seele eine gemeinsame Linie finden. Wenn dieses Ziel erreicht ist, ist die Seele offen und ihr Reichtum fließt ungehindert in die Persönlichkeit über. Was zunächst ins Überbewußte abgedrängt war, kann nun bewußt im täglichen Leben eingesetzt werden. Die Verwirklichung dieser Integration kann in einem kleinen Kind enorme Spannungen erzeugen. Die Seele strebt danach, ihren Reichtum zum Ausdruck zu bringen, während die auf das Irdische ausgerichtete Persönlichkeit sich die materielle Welt zu eigen machen will.

Wenn wir von den Kindern des neuen Zeitalters sprechen, machen wir uns einer enormen Verallgemeinerung schuldig. Jeder Mensch ist ein Individuum, ein unteilbares Ganzes, gekennzeichnet durch ganz spezifische Eigenschaften. Wie und was ein Mensch ist, ist stark von den Erfahrungen und den im Zuge dieser Erfahrungen in zahllosen Leben erworbenen Fähigkeiten abhängig. Das alles hat auf seine Seele abgefärbt. Aber es gibt einen gemeinsamen Grundton. Eine alte Seele ist zum Beispiel erkennbar an ihrer reich entwickelten Liebesfähigkeit und ihrem tiefgehenden Verständnis für ihre Mitmenschen. Die Weise, in der sie diese Eigenschaften umsetzt, wird bestimmt durch die Erfahrungen und Fähigkeiten der Seele, und das Maß, in dem sie diese umzusetzen vermag, hängt davon ab, wie die irdische Persönlichkeit funktioniert.

Es gibt also keine zwei Menschen, die gleich beziehungsweise in ihrer Entwicklung gleich weit fortgeschritten sind. Auch bei alten Seelen ist das Maß, in dem sich ihr Bewußtsein im irdischen Leben zum Ausdruck bringen kann, unterschiedlich. Wir müssen uns davor hüten, in dem neuen Menschen eine Art Supermensch zu sehen, der alle Probleme auf Erden mal eben lösen wird.

Selbstverständlich gibt es unter ihnen sehr weit Fortgeschrittene, bei denen der göttliche Geist über die Seele ungehindert in die Persönlichkeit fließt. Das sind die Visionäre, deren tragisches Schicksal es sein kann, daß sie – wie ihr großes Vorbild vor zweitausend Jahren – nicht verstanden werden, was sie selbst nicht einmal als tragisch empfinden werden. Sie sehen sich als Zeichen auf dem Weg, den die Menschheit beschreiten muß, und sie wissen, daß Entwicklungen ohne Krisen nicht möglich sind.

Ein solcher Mensch war Marcus, der Sohn von Phoebe Lauren, der im Alter von elf Jahren starb. Nach seinem Tod blieb der spirituelle Kontakt mit seiner Mutter erhalten. Als sie wissen wollte, warum er auf die Erde gekommen war, antwortete er: „Warum ich gekommen bin? Um dich und Papa etwas über die Liebe zu lehren, über die wahre Liebe, die keine Grenzen kennt. Ihr mußtet dies alles beide durchmachen, damit es andere Menschen, die euch begegnen, auch erfahren können. Gönne deinem Herzen nun Ruhe, Phoebe. Ich bin immer bei dir."

Und ein andermal: „Angesichts des heutigen Bewußtseinsstandes habe ich viel gelitten, während ich auf der Erde war. Die Schwingungsfrequenz dort ist wirklich sehr niedrig. Es gibt eine andere Art zu leben und zu lieben. Es erklingt ein Trompetensignal für die gesamte Menschheit. Seine Botschaft ist, daß die Menschen nach innen schauen und ihrer inneren Führung und Intuition folgen sollen, daß sie letzten Endes körperlich wie spirituell zueinander finden müssen, um Frieden auf die Erde zu bringen, einen liebevollen und dauerhaften Frieden."

Die meisten neuen Menschen stehen dem Menschen alter Prägung jedoch deutlich näher. Dank ihrer besonderen Fähigkeiten sind sie, einmal erwachsen, imstande, leitende Positionen zu bekleiden und auf diese Weise positiven Einfluß auszuüben. Meist werden sie von ihren Mitmenschen akzeptiert, was ihnen die Möglichkeit gibt, Verantwortung zu übernehmen und richtungweisend in die neuen Entwicklungen einzugreifen, die uns bevorstehen.

Die Eigenschaften, die ich im folgenden beschreiben werde, sind Eigenschaften der Seele, die schon bei der Geburt in einem Kind vorhanden sein können. Im Laufe der Entwicklung der Persönlichkeit werden sie in mehr oder weniger starkem Maß zum Ausdruck kommen. In meiner Beschreibung gehe ich davon aus, daß eine Integration, eine gemeinsame Linie von Seele und irdischer Persönlichkeit erreicht worden ist.

Willenskraft

Ein Merkmal des neuen Menschen ist seine Willenskraft, die zum Beispiel bei Gautama Siddartha, dem späteren Buddha, besonders ausgeprägt war. Eine Seele, die ihre Willenskraft optimal entwickelt hat, erlangt so viel Macht über die Materie, daß sie sie nach Wunsch beeinflussen kann. Die Beherrschung der unbewußten Funktionen des Körpers, wie sie zum Beispiel von Yogis angestrebt wird, ist ein Aspekt einer solchen Macht des Willens. Im Buddhismus lag und liegt die Betonung hierbei auf der persönlichen Entfaltung. Beim neuen Menschen dagegen hat eine „Reifung" stattgefunden. Wir beobachten, daß die entwickelten

Fähigkeiten eine Erweiterung erfahren haben, hin zu einer Orientierung auf gesellschaftliche Verantwortung. Wille und Macht sind eng miteinander verbunden, wie wir bei Regierenden sehen können, die mit äußerster Willensanstrengung ans Ruder gekommen sind, nur um dann ihre Macht aus egoistischen Motiven und auf Kosten anderer zu mißbrauchen. Diese Handlungsweise ist typisch für den alten Menschen, während der Mensch des neuen Zeitalters seine Fähigkeiten dazu einsetzen wird, andere in ihrer Entwicklung zu fördern.

Liebe und Weisheit

Die Willenskraft des neuen Menschen geht Hand in Hand mit zwei anderen starken Eigenschaften, die den Willen durchdringen und unterstützen, nämlich Liebe und Weisheit. Es sind dies Eigenschaften, die wir in der Gestalt von Jesus Christus verkörpert sehen. Wer sich mit seinem Leben beschäftigt, weiß, wie diese Liebe und diese Weisheit auf der irdischen Ebene wirken können. Liebe auf diesem Niveau wird in der Zukunft eine zunehmende Sozialisierung zuwege bringen, ein Mitfühlen mit Armen und Behinderten. So werden sich zahlreiche neue Menschen für eine Verbesserung der trostlosen gesellschaftlichen Bedingungen einsetzen, unter denen in unserer Zeit noch sehr viele Menschen leben müssen. In der Zukunft wird die Welt näher zusammenrücken. Immer mehr Menschen werden sich für das Los ihrer Mitmenschen verantwortlich fühlen.

Weisheit bedeutet Einsicht, ein intuitives Wissen darum, welche Handlungsweisen gut sind und welche nicht. Weisheit bedeutet auch, daß der Mensch um den Kreislauf von Leben und Sterben weiß, wodurch der Tod relativiert wird.

Willenskraft, Liebe und Weisheit bilden das Grundpotential, das die fortgeschrittene Seele einbringt, um auf der Erde aktiv werden zu können. Dank seiner psychischen Disposition kann der neue Mensch uneingeschränkt Gebrauch von seinen paranormalen Fähigkeiten machen. Er ist hellsichtig, hellhörend und hellfühlend, und die Gabe der Telepathie gehört sozusagen zu seiner „Standardausrüstung". Dazu kommt der Kontakt mit seinen geistigen Begleitern, die ihm mit Rat und Tat zur Seite stehen, ihm aber gleichzeitig seine uneingeschränkte Entscheidungsfreiheit lassen, denn der Mensch ist sein eigener Herr und Meister.

Ein weiteres wichtiges Merkmal des neuen Menschen ist die Transformation von niederen Fähigkeiten in höhere. Aus triebhaftem und irrationalem Handeln wird intuitives Handeln, das sich auszeichnet durch höheres, unmittelbares Wissen.

Bei den meisten Menschen ist der Selbsterhaltungstrieb nach wie vor ein sehr prägender Teil der Persönlichkeit. Es ist ein egoistischer Trieb, der auf die übergroße Angst vor dem Tod zurückzuführen ist. Der neue Mensch weiß, daß der Tod Befreiung bedeutet, ein Neu-geboren-Werden im Licht. Daher ist seine Lebenseinstellung eine grundlegend andere. Er setzt die tiefe Weisheit in die Praxis um, die aus den Worten Jesu spricht: „Wer sein Leben behalten will, der wird es verlieren. Wer es aber verloren hat um meinetwillen, der wird es finden." So ist der neue Mensch imstande, egoistische Motive beiseite zu lassen und aus Liebe und Mitgefühl zu handeln. Aus der Tiefe seines Wesens wirkt das Christusprinzip. Der Herdentrieb wird in ein Gruppengefühl transformiert. Der einzelne Mensch tritt zurück und bestätigt sich paradoxerweise gerade dadurch. Der neue Mensch setzt das Jesus-Wort: „Liebe deinen Nächsten wie dich selbst" wörtlich in die Praxis um. Es bedeutet, daß der Mensch sich selbst akzeptiert, so wie er ist, und aus dieser Haltung heraus auch andere in ihrer Eigenart akzeptieren kann. Eine solche Haltung ist von sehr viel größerer Tragweite, als es auf den ersten Blick den Anschein hat. Wie oft üben wir Kritik an unseren Mitmenschen – und das am liebsten hinter ihrem Rücken. Diese negativen Gedankenformen ziehen nicht nur den anderen sondern auch uns selbst herunter. Ein Wesensmerkmal des neuen Menschen ist, daß er positiv denkt. Auf die Schwächen anderer reagiert er mit Verständnis, denn er begreift, daß sie oft eher ein Zeichen von Nicht-Können als von Nicht-Wollen sind.

Ganzheitliches Denken

Das Denken in Kategorien, das charakteristisch für unsere materialistische Welt ist, wird in ganzheitliches Denken transformiert, denn der neue Mensch begreift, daß alles mit allem verbunden ist. Er begreift, daß er, „ein Stäubchen auf dem Rock des Universums" ist – wie es der Dichter Lucebert so anschaulich ausdrückt – winzig, aber dennoch ein Bestandteil dieses Universums. Winzig kleine Tropfen bilden gemeinsam den Ozean, und auf dieselbe Weise ist auch der Mensch Teil des großen kosmischen Geschehens, auf das er Einfluß ausüben kann, auch wenn dieser gering sein mag. Die überwältigende Erkenntnis dringt zu ihm durch, daß alles, was ist, eine Gedankenform der unergründlichen Urquelle ist. Der neue Mensch empfindet sein Einssein mit der Natur sehr stark. Er hat Kontakt mit den großen Baumeistern, die hier tätig sind, den Naturwesen.

Keine Utopie

Die Eigenschaften, die ich hier als charakteristisch für den neuen Menschen aufgezählt habe, werden manchen Lesern utopisch vorkommen oder wie ein schönes Phantasiegebilde. Doch wie bereits erwähnt, zeichne ich hier das Bild des begnadeten neuen Menschen, bei dem Seele und Persönlichkeit integriert sind. Die Zahl dieser Menschen wird mit der Unterstützung stimulierender kosmischer Energien in Zukunft steigen. Immer mehr Erwachsene werden für höhere Schwingungen empfänglich sein, was zur Folge hat, daß immer mehr Erziehende imstande sein werden, die Kinder des neuen Zeitalters zu verstehen. Es ist wichtig, daß die Erfahrungen, die Menschen in ihrer Eigenschaft als Eltern, Erzieher oder Lehrer machen, öffentlich diskutiert werden.

Die Welt des neuen Menschen unterscheidet sich grundlegend von der des alten Menschen. Das charakteristische Verhalten der Kinder, die sich der Veränderungen mehr oder weniger bewußt sind, weicht denn auch deutlich von dem der „Durchschnittskinder“ ab.

7 Verhaltensmerkmale und Anpassungsschwierigkeiten der Kinder des neuen Zeitalters

Die Seele des Foetus erinnert sich an die Welt, aus der er kommt, und wenn er entsprechend hoch entwickelt ist, steht er auch noch in Kontakt mit dieser Welt des Lichts. Nach der Geburt wird unter der Flut der Eindrücke aus der stofflichen Welt dieser zunächst bewußte Kontakt bei einem Teil der Kinder allmählich ins Unterbewußte oder, besser gesagt, ins Überbewußte abgedrängt, so daß sie sich nicht mehr daran erinnern, es sei denn in Augenblicken spiritueller Erkenntnis oder in Träumen.

Diese sensitiven Kinder sind sehr empfänglich für die immer stärker werdenden kosmischen Schwingungen, die zur Erde gelangen. Ihre Persönlichkeit erfährt hierdurch ständig minimale Veränderungen. Auf die Schwingungsänderungen reagieren auch die Chakren, und wenn die Integration mit dem Körper nicht harmonisch verläuft, können sie aus dem Gleichgewicht geraten. Dann kann die Energie nicht frei fließen, was möglicherweise allerlei körperliche Symptome nach sich zieht.

Die Probleme der Kinder werden durch Gegenkräfte noch vergrößert, das heißt durch negative Entitäten, die darauf aus sind, das Wachstum im neuen Zeitalter zu behindern.

Weinen

Es ist nicht erstaunlich, daß diese Kinder als Babies sehr oft und sehr viel weinen. Wenn sie sich ihrer selbst bewußt sind, sind sie vermutlich tief enttäuscht darüber, daß die Erde kälter und der physische Körper schwerer ist als sie erwartet hatten. Ab und zu kommt es auch vor, daß der Kontakt zwischen Seele und irdischer Persönlichkeit noch nicht optimal ist, was dem Kind ein starkes Gefühl der Desintegration gibt. Bei manchen Kindern kann es sogar einige Jahre dauern, bis die höheren und die niedrigeren Ebenen in ihnen ins Gleichgewicht kommen. Auf ihre Umgebung wirken diese Kinder unausgeglichen. Ihr Grundgefühl könnte man als Heimweh bezeichnen, als intensives Verlangen nach der Welt, in der alles so rein und licht war.

Das ständige Weinen dieser Babies bringt die Eltern oft zur Verzweiflung, weil sie keinerlei Ursache dafür finden können. Auch ein Arzt, der im allgemeinen zunächst einmal an ein körperliches Leiden denkt, kann in der Regel nichts feststellen. Oft müssen die Kinder dann unangenehme Untersuchungen über sich ergehen lassen, was ihre Schwierigkeiten natürlich nur noch verschlimmert. Das Fatale ist, daß das Kleine noch nicht die Ausdrucksmöglichkeiten hat, um deutlich machen zu können, was ihm fehlt. Es kann sich nur durch Weinen äußern.

Klassische Musik hat auf viele dieser Kinder wohltuenden Einfluß. Oft hören sie spontan auf zu weinen, wenn die Musik erklingt, deren Harmonie ihnen ein Gefühl der Sicherheit vermittelt, ein Gefühl, als wären sie wieder „daheim".

Ich kenne einen spirituellen Heiler, der oft von verzweifelten Eltern konsultiert wird, die schon alles versucht haben, um ihrem Kind zu helfen. Allein die Tatsache, daß dieser Heiler das Problem der kleinen Menschen versteht, hat eine heilsame Wirkung. Er nimmt das Kind auf den Arm und spricht mit ihm. Er erklärt ihm, daß es nun in einem stofflichen Körper wohnt und dies anfangs ganz und gar nicht einfach ist. Er versucht, das Kind zu trösten und sagt ihm, daß die höhere Welt, die es verlassen hat, tief in seinem Inneren noch immer gegenwärtig ist.

Ich kann mir vorstellen, daß diese Art zu „heilen" auf Verwunderung stößt. Doch sollte man nicht vergessen, daß eine alte Seele viel mehr begreift, als solch ein kleines zerbrechliches Körperchen vermuten läßt. Wenn sie das Problem erkannt haben, können auch die Eltern selbst zum „spirituellen Heiler" für ihr Kind werden, indem sie es auf den Arm nehmen und ihm seine Lage erklären, wie sie es bei einem Erwachsenen tun würden.

Doch ebenso wichtig ist, daß sie das Kind ihre Liebe spüren lassen, denn die Welt aus der es kommt, ist Liebe. Wenn die Eltern verzweifelt sind, erschaffen sie Gedankenformen, die diese Verzweiflung zum Ausdruck bringen. Das Kind spürt das, was sein Gefühl der Verlassenheit nur noch verstärkt. Geht von den Eltern dagegen Wärme und Liebe aus, dann übertragen sie entsprechende Gedankenformen auf ihr Kind, die wie eine Umarmung wirken. Kaum irgendwo läßt sich die Kraft von Gedankenformen so deutlich nachweisen wie hier. Überhaupt sind Liebe und Geduld die Grundvoraussetzungen zur Lösung des Problems.

Überbesorgtheit hat jedoch die entgegengesetzte Wirkung. Sie ist zwar auch eine Liebesäußerung, aber eine, die mit einer Grundform der Angst befrachtet ist, und zwar mit der Angst, daß etwas schiefgegangen ist oder schiefgehen könnte. Überängstliche Eltern achten die Seele ihres Kindes nicht. Ihre Liebe ist wie ein Kokon, in dem sich diese Seele gefangen fühlt. Darum muß die Liebe, die dem Kind übermittelt wird, mit positiven Gedanken verbunden sein, aus denen jede Spur von Sorge getilgt ist.

Normal behandeln

Wie ich bereits mehrfach bemerkt habe, sind alle Kinder, die in dieser Zeit geboren werden, Kinder des neuen Zeitalters, aber ihr Entwicklungsstand kann sehr unterschiedlich sein. Viele der heute geborenen Kinder können sich an die höheren Ebenen erinnern, von denen sie kommen, und an ihre spezielle Aufgabe in diesem Leben. Allerdings sind Eltern, die ihrem Neugeborenen mit gespannter Erwartung begegnen und immer mit der Frage im Hinterkopf, ob ihnen vielleicht ein Kind mit einem ganz besonders hoch entwickelten Bewußtsein geschenkt wurde, eindeutig auf dem falschen Weg. Jedes Neugeborene muß ganz normal behandelt werden, das heißt mit Wärme, Liebe und Geduld. Es besteht wohl kein Zweifel daran, daß Eltern, die ihr Kind als besonderes „Exemplar" betrachten, die Sonderstellung noch akzentuieren, in der sich viele Kinder des neuen Zeitalters ohnehin befinden. Das bewirkt, daß das Kind, während es heranwächst, nur noch mehr Probleme bewältigen muß.

Es gibt unzählige ganz alltägliche Gründe dafür, daß ein Neugeborenes oft weint. Zum Beispiel kann es Hunger haben, denn es kommt vor, daß die Muttermilch zu wenig Nährstoffe enthält und das Kind nicht satt wird. Wenn es ständig weint, muß also die Qualität der Muttermilch überprüft werden. Vielleicht hat es auch Schmerzen, oder irgendwelche Medikamente haben einen negativen Einfluß auf sein Wohlbefinden. Möglicherweise ist auch die Umgebung zu laut. Bei einer schweren Geburt kann es zu einer Traumatisierung gekommen sein. Man könnte noch eine ganze Reihe von Ursachen und Gründen anführen, die einem so verletzlichen neuen Erdenbürger Anlaß geben zu weinen.

Eltern tun gut daran, ihrem Kind unbefangen gegenüberzutreten. Es ist wichtig, daß sie sich des neuen Zeitalters bewußt sind, und dies in die Beziehung zu ihrem Kind einfließen lassen. Das verlangt Eltern eine Mentalität ab, die hohe Ansprüche an das eigene Tun und Lassen stellt. Gefordert sind Ausgeglichenheit, Verständnis, Geduld, Toleranz, Flexibilität und vor allem Liebe.

Bob

Diese Grundhaltung der Eltern wird noch wichtiger, wenn sich das Kind so weit entwickelt hat, daß es auch verbal mit ihnen kommunizieren kann. Oft zeigt sich schon sehr früh, was in dem Kind steckt. Manche Kinder verblüffen ihre Eltern und ihre Umgebung durch eine Weisheit in ihren Aussprüchen, die man in ihrem Alter ganz gewiß nicht erwarten würde. Sie sind spontan und haben Humor. Diese letztere, sehr spezielle Eigenschaft entwickelt sich bei den meisten Menschen erst viel später. Vor allem Ironie und milder Spott setzen eine psychologische Einsicht voraus, die so mancher Erwachsene nicht erreicht.

Bob ist ein solches Kind. Er ist vier Jahre alt. Als Evelien, seine Mutter, einmal mit Grippe im Bett lag, mußte der Vater das Kochen übernehmen. Die Suppe, die er zubereitete, war so versalzen, daß sie nicht zu genießen war. Bob nahm einen Löffel davon in den Mund, sah seinen Vater schelmisch an und bemerkte: „Mmmm, Papa, was hast du für eine leckere Suppe gekocht!"

Die altklugen Aussprüche werden oft in wohlgeformten Sätzen dargeboten, was auf ein ausgeprägtes Sprachgefühl hindeutet.

Diese Kinder erkennen die Fehler ihrer Eltern sofort und können sie auch ganz präzise in Worte fassen. Das setzt natürlich bei den Erwachsenen große Offenheit voraus, und zwar verbunden mit Selbstbeherrschung, wenn sie imstande sein sollen, in aller Aufrichtigkeit anzuerkennen, daß das Kind recht hat. Reagieren die Eltern dagegen ungehalten, so halten sie ihr Kind auf Abstand und zeigen, mit welcher Engherzigkeit sie ihm begegnen. Die Ehrlichkeit, Spontaneität und psychologische Einsicht eines solchen Kindes können aber auch für schwierige Situationen oder sogar für Streit in der Familie und im Bekanntenkreis sorgen.

Kehren wir nochmal zu Bob zurück. Vor kurzem waren Onkel Jan und Tante Sofie zu Besuch bei der Familie. Tante Sofie, eine Schwester von Evelien, ist eine umtriebige Frau, die ohne Punkt und Komma redet. Bobs Eltern mögen sie nicht so sehr, weil sie dazu neigt, andere herunterzumachen und daher gern klatscht. Bob saß in der Ecke und spielte mit seinen Autos. Aber nachdem seine Tante eine halbe Stunde damit verbracht hatte, ihre neu zugezogene Nachbarin durchzuhecheln, erhob er sich plötzlich, baute sich vor ihr auf und fragte: „Warum hast du solche Angst vor dir selbst?" Tante Sofie war sprachlos vor Verblüffung, und noch bevor sie etwas erwidern konnte, fügte das Enfant terrible hinzu: „Oder kommt das von deiner Perükke?" Die Tante war wütend: „Was ist jetzt los? Woher weiß das Kind, daß ich eine Perücke trage? Ihr tratscht wohl über mich! Und warum sollte ich eigentlich Angst vor mir selbst haben? Was fällt dem Kind eigentlich ein?"

Der Besuch war dann schnell beendet und die Beziehung für längere Zeit gestört. Als Evelien ihr Söhnchen am Abend ins Bett brachte, fragte sie ihn, warum er denn dachte, daß Tante Sofie Angst vor sich selbst hätte. Bob konnte es nicht so recht ausdrücken, doch Evelien erriet, was er meinte, nämlich, daß Tante Sofie unter einem starken Minderwertigkeitskomplex litt und deshalb dazu neigte, andere schlechtzumachen. Denn wer andere runterzieht, will sich dadurch selbst erhöhen. Es zeugt von beträchtlicher psychologischer Einsicht, wenn jemand erkennt, daß der Klatschsucht das Gefühl zugrundeliegt, selbst minderwertig zu sein.

Tilly

Einssein mit der Natur ist für viele dieser Kindern der normale Zustand. Das zeigte ein Dokumentarfilm im niederländischen Fernsehen kürzlich auf eindringliche Weise. Tilly, die als Kind eines Naturfilmers in der afrikanischen Wildnis aufwächst, spielt mit Wildtieren, als sei dies die normalste Sache der Welt. Sie schwimmt in einem Gewässer, in dem es Krokodile gibt, ohne daß ihr ein Haar gekrümmt wird, und krault einen Jagdleoparden am Bauch. Ihre natürliche Ausstrahlung bewirkt, daß die Tiere in ihr weder einen Feind noch eine Beute sehen. Manche Kinder nehmen Naturwesen wahr, und wenn diese Fähigkeit nicht etwa um das siebte Lebensjahr verschwindet, wird ihnen langsam klar, daß eine Zusammenarbeit mit diesen Wesen von unmittelbarer Bedeutung für die Zukunft der Umwelt ist.

Doch bei längst nicht allen Kindern des neuen Zeitalters verlaufen die Entwicklungsprozesse so harmonisch. Viele erfahren das Leben in einem stofflichen Körper als ununterbrochene Krisensituation, die ihnen das Äußerste abverlangt. Bei ihnen bleibt die Integration von Seele und irdischer Persönlichkeit, aus welchem Grund auch immer, problematisch. An die Liebe und Geduld ihrer Eltern werden hohe Forderungen gestellt.

Das Grundgefühl der Heimatlosigkeit, das bei diesen Kindern im Babyalter zu lange andauerndem Weinen geführt hat, äußert sich in ihrer frühen Kindheit als Neigung sich zurückzuziehen. Sie meiden den Kontakt mit Altersgenossen unter anderem schon deshalb, weil sie wegen ihres Andersseins häufig gehänselt werden. Sie sind verträumt und verschlossen und haben Mühe, mit ihren Eltern zu kommunizieren. Als Ersatz für fehlende Freunde erschaffen sie sich Phantasiefreunde.

Ihr scheues und befangenes Verhalten ist außerordentlich schwer zu durchbrechen, und Eltern tun gut daran, nicht allzu sehr in sie zu dringen. Wenn sie ihrem Kind einfach immer wieder zeigen, daß es ihnen viel bedeutet, und in ihrer Liebe und Geduld nicht nachlassen, wird sein Verhalten wie von selbst in die richtigen Bahnen gelenkt werden. Vorlesen und Gespräche über vielfältige Themen sind gute Methoden einer offenen Kommunikation.

Schwieriger wird es für die Eltern, wenn sich das Kind nach außen hin scheu und verlegen gibt, den Eltern und anderen Familienmitgliedern jedoch emotional oder sogar agressiv gegenübertritt. Die Kinder des neuen Zeitalters sind keine tugendhaften Vorbilder, und die Spannung in der sich entfaltenden Persönlichkeit kann so stark werden, daß sie sich in Form von Agressionen entlädt, welche die Ratlosigkeit des Kindes allerdings nur noch vergrößern. Die Eltern brauchen keineswegs alles durchgehen zu lassen. Hier den richtigen Mittelweg zu finden, ist außerordentlich schwierig und erfordert viel Weisheit.

Der geistige Begleiter eines solchen Kindes ist mit Sicherheit anwesend, hält sich jedoch eine Zeitlang im Hintergrund, wofür es vielerlei Gründe geben kann.

Möglicherweise müssen karmische Verstrikkungen gelöst werden. Vielleicht hat sich die Seele auch das Ziel gesetzt, bestimmte Charaktereigenschaften in der irdischen Persönlichkeit zu entwickeln, bevor sich der Mensch im Erwachsenenalter seiner Aufgabe zuwenden kann. Es kann auch sein, daß bestimmte Chakren im Begriff sind, sich zu öffnen, was fast immer verbunden ist mit einem Gefühl der Disharmonie und einem vorübergehend gestörten Gleichgewicht zwischen den verschiedenen Körpern unterschiedlicher Dichte, aus denen sich die Persönlichkeit zusammensetzt. Das Öffnen von Chakren bedeutet, daß neue Möglichkeiten aktiviert werden und daß der Mensch damit in eine neue Phase seiner Entwicklung eintritt. Das erklärt, warum dieser Prozeß so eingreifend ist und eine zeitweise Störung der Harmonie mit sich bringt. Möglicherweise ist das Kind auch übersensitiv und wird durch die kosmischen Energien, die die Erde erreichen, zu stark stimuliert.

Wichtig ist, daß die Eltern allen Problemen zum Trotz den Kopf nicht verlieren und durch ihre positive Haltung zu erkennen geben, daß sie an das Gute in ihrem Kind glauben.

Paranormale Fähigkeiten

Daß viele Kinder des neuen Zeitalters über paranormale Fähigkeiten verfügen, habe ich bereits dargelegt. Wenn sie mit ihren geistigen Begleitern kommunizieren können, ist das für die Kinder an sich ein Segen. Es kommt aber auch oft vor, daß ein Kind seine paranormalen Fähigkeiten eher als bedrohlich denn als beruhigend empfindet, vor allem, wenn die Menschen in seiner Umgebung nicht wissen, wie sie auf diese Fähigkeiten reagieren sollen. Ein Kind wird anfänglich immer davon ausgehen, daß derartige Gaben normal und allgemein zugänglich sind, daß zum Beispiel jeder die prächtigen Farben sieht, die die Körper der Menschen umgeben.

Josje, die die Aura sehr deutlich sehen kann, bemerkte eines Tages bei einem Freund ihres Vaters einen matten dunkelbraunen Fleck in Bauchhöhe. Sie ging zu ihrer Mutter, die gerade in der Küche Kaffee einschenkte, und wollte wissen: „Warum stirbt Onkel Johan bald?" Die Mutter wischte die Frage mit einem Lachen weg. „Närrisches Kind", sagte sie und gab Josje einen Kuß auf die Stirn. Zwei Monate später starb der Freund des Vaters an Darmkrebs.

Derartige Wahrnehmungen, die für Außenstehende den Charakter einer Vorhersage haben, können bei einem Kind starke Schuldgefühle auslösen, wenn es den Eindruck hat, daß jemand von Unheil getroffen wird, weil es von diesem Unheil gesprochen hat. Auch Angst vor dem Dunkel, Vorahnungen in Träumen und Ängste infolge von außerkörperlichen Erfahrungen gehören zu den negativ geladenen paranormalen Fähigkeiten.

Kinder des neuen Zeitalters sind oft telepathisch begabt. Diese Begabung und die daraus resultierenden psychologischen Einsichten können sie zu Äußerungen veranlassen, die von ihrer Umgebung im allgemeinen nicht gerade dankbar aufgenommen werden. Das ist vor allem dann der Fall, wenn das Verhältnis zu Brüdern und Schwestern in Mitleidenschaft gezogen wird, denen mit einer Ehrlichkeit, die ihr Fehlverhalten so deutlich offenbart, nicht gedient ist.

In dem Jugendbuch *Wat is er toch met Marloes?* (Was hat Marloes nur?) habe ich eine solche Situation beschrieben. Jürgen, der Bruder von Marloes, kommt eines Tages zu spät zum Abendessen und erzählt, sein Fahrrad sei vor dem Schwimmbad gestohlen worden. Marloes überkommt bei diesem Bericht ein ungutes Gefühl, während ihr Vater beschließt, die Polizei anzurufen. Ich zitiere: „Als der Vater der Polizei die notwendigen Informationen durchgibt, hört Jürgen aufmerksam zu. Marloes sieht ihren Bruder scharf an. Dieser bemerkt es und schaut irritiert zurück. Marloes' unangenehmes Gefühl verstärkt sich. Und dann bekommt sie plötzlich Gänsehaut, zuerst an Armen und Beinen und dann am ganzen Körper. Ein Zittern überkommt sie, gegen das sie nichts tun kann. Ihre Gabel bewegt sich ruckartig über einem Stückchen Fleisch auf ihrem Teller. ‚Nun, sie wollen mal sehen, was sie tun können', sagt der Vater. ‚Ich …' Verblüfft sieht er Marloes an. Auch der Mutter entgeht die Verfassung ihrer Tochter nicht. ‚Was ist denn mit dir?' fragt sie. ‚Ist dir nicht gut?' ‚Jürgen lügt', sagt Marloes mit erstickter Stimme. Es kostet sie große Mühe zu sprechen. Es ist, als hätte sie einen dicken Kloß im Hals. ‚Er hat sein Fahrrad verkauft.'" Es ist nicht schwer zu erraten, welche Folgen diese Aussage in der Familie hatte.

Krankheiten

Der Mensch des neuen Zeitalters ist in seiner Jugend auffallend oft krank. Das kommt einerseits daher, daß die Integration von Seele und irdischer Persönlichkeit noch nicht optimal verläuft. Andererseits treten im Zusammenhang mit den Chakren Integrationsprobleme auf, die vielerlei körperliche Beschwerden verursachen. Wer sich die Mühe macht, sich mit den Biographien großer Gestalten aus der Geschichte zu beschäftigen, die maßgeblich an der Entwicklung der Menschheit beteiligt waren, wird feststellen, daß diese Menschen oft von schwacher Gesundheit waren.

Beim durchschnittlich entwickelten westlichen Menschen ist das Nabelchakra in der gegenwärtigen Phase der menschlichen Evolution auf der Erde am aktivsten. Bei Fortgeschritteneren ist das Herzchakra geöffnet, und das Halschakra sowie das Stirnchakra zwischen den Augenbrauen beginnen sich zu öffnen. Die damit verbundenen Verlagerungen im Körper verursachen Beschwerden wie Asthma, Allergien, Störungen des Nervensystems, Nervosität, Kopfschmerzen und rasche Ermüdung. Kinder des neuen Zeitalters reagieren auch besonders sensibel auf Erdstrahlen und sonstige elektromagnetische Einflüsse.

Teenager

Während der Pubertät vollziehen sich in der Persönlichkeit große Veränderungen. Die Geschlechtsreife ist nur eines der äußeren Merkmale, viel tiefgreifender ist der Wandel der Gesamtpersönlichkeit, das Reifen eines neuen Bewußtseins, bewirkt durch stärkere Impulse der Seele. Unter anderem rücken Themen wie Ethik, Religion und Beziehungsfragen stärker ins Bewußtsein.

Wir sollten uns übrigens sehr vor Verallgemeinerungen hüten. Auch unter den Kindern des neuen Zeitalters gibt es große Unterschiede. Das Idealbild des neuen Menschen, das ich im letzten Kapitel gezeichnet habe, deckt sich nur mit einzelnen Menschen. Bei diesen fortgeschrittenen Seelen ist die Integration von Seele, Persönlichkeit und Geist schon von Natur aus gegeben und macht es möglich, daß die Energien frei fließen können. Die Probleme dieser

Menschen sind äußerlicher Natur; die Tatsache, daß sie nicht verstanden werden, trifft sie nicht in ihrer Essenz. Sie stehen darüber. Sie erkennen, daß sie ihrer Zeit weit voraus sind und daß es schwer ist, bei den Mitmenschen ein neues Bewußtsein zu wecken. Dieses Unverstandensein kann allerdings sehr wohl Einfluß auf ihr praktisches Funktionieren als Mensch haben.

Die meisten Kinder des neuen Zeitalters haben Probleme während der Pubertät. Probleme, die sie schon als Kinder hatten, können sich in dieser Zeit noch verstärken. Sie isolieren sich noch mehr, sie reagieren noch emotionaler. Bei vielen nehmen die paranormalen Fähigkeiten zu oder kommen zurück, wenn sie während der ersten Schuljahre verdrängt wurden. Bei manchen zeigen sie sich in dieser Zeit auch zum ersten Mal. Die Pubertät ist für fast jeden Heranwachsenden eine Zeit der Wirren, doch bei Kindern des neuen Zeitalters können diese Wirren Ausmaße annehmen, die eine Entgleisung befürchten lassen.

Es gibt zahllose Wahlmöglichkeiten, wenn es darum geht zu entscheiden, was man als sinnvolles Leben betrachten will. Und Werte liegen nicht mehr fest. Besonders dem Menschen des neuen Zeitalters sind aufgezwungene Werte zuwider. Er will selbst entdecken. Wie wir bereits gesehen haben, ist die Suche nach dem persönlichen Sinn des Lebens charakteristisch für die moderne Zeit. Auf diese Art wird das Leben zu einem Abenteuer. Und als solches erfahren es heute sehr viele junge Menschen.

In einer Sonderbeilage der *Volkskrant* vom 28. Dezember 1996 erschien ein Artikel von Eric Arends unter dem Titel „Van God los maar toch spiritueel“ (Gottlos und doch spirituell). Darin läßt der Verfasser junge Menschen zu Wort kommen, die ihre Pubertät hinter sich haben. Ich möchte hier einige dieser Beiträge zitieren:

„Faktisch laufen all diese Ideen und Theorien (gemeint sind Schamanismus, Taoismus, Buddhismus und indianische Kulturen) auf dasselbe hinaus. Es geht um Bewußtsein, um Innehalten bei allem, was man tut und fühlt. In diesem Sinne ist das ganze Leben spirituell und Spiritualität keineswegs vage. Ich bin mir selbst immer bewußt, ich bin immer gegenwärtig.“ (Boris Staal, 25 Jahre)

„Alles geht so leicht. Alles ist möglich, alles ist erlaubt. Wenn ich will, kann ich heute abend afrikanisch tanzen, morgen zu einer Party gehen und übermorgen ein Flugzeug nehmen und nach Afrika fliegen. Ich habe das alles schon getan, aber es bringt keine echte Befriedigung mehr. Der Luxus zwingt junge Menschen, nach dem zu suchen, was sie wirklich wollen. Und dann kommt man schnell auf die flüchtigen Augenblicke. Es sind Erlebnisse, in denen alles zusammenzufließen scheint, Staunen, Rausch, neue Einsichten. Dann steht die Zeit still. Darin liegt für mich Spiritualität. Früher habe ich diese euphorischen Augenblicke zuweilen auf künstlichem Weg erreicht, das heißt durch Drogen. Jetzt experimentiere ich damit viel seltener. Mit Drogen hat man nämlich die Sicherheit, solche Momente zu erleben, und darum finde ich es nicht mehr interessant. Es geht zu leicht. Ohne Drogen ist die Suche viel spannender." (Iepe Rubenga, 22 Jahre)

„Ich verstehe die Menschen nicht, die sich aus der Gesellschaft ausklinken. Sie machen es sich ganz schön leicht, leben in ihrer eigenen, selbstgemachten kleinen Kultur und haben immer recht. Da ist kein Verantwortungsgefühl, finde ich. Man ist nun mal hier geboren und sollte demnach sein Scherflein beitragen zu einer besseren Welt. Mein Vater nimmt Dinge viel leichter an als ich. Zum Beispiel wird im Tibetischen Totenbuch beschrieben, in welcher Situation man sich im Bardo, das heißt zwischen Tod und Reinkarnation befindet. Mein Vater glaubt das dann wörtlich so wie es da steht. Ich dagegen setze immer hinter alles dikke Fragezeichen. Objektive Wahrheiten gibt es nicht. Wenn man sich einer Sache sicher zu sein glaubt, kann man davon ausgehen, daß sie nicht die Wahrheit ist." (Iektje Bolhuis, 20 Jahre)

Um solche Auffassungen zu vertreten, braucht man Mut und geistige Offenheit, Eigenschaften, die man sich als Teenager erwerben muß. Und das ist außerordentlich schwierig. Eltern müssen während der Pubertät ihrer Kinder viel Weisheit und Einfühlungsvermögen aufbringen. In dieser Lebensphase muß eine Form der Beziehung aufgebaut werden, die beinhaltet, daß die Eltern ihrem Kind die Freiheit zugestehen, nach der es verlangt, und daß sie eine Atmosphäre schaffen, in der sie als Freunde betrachtet werden, bei denen man immer anklopfen kann. Das ist durchaus möglich, denn der geistige Abstand zwischen Kindern und Erwachsenen hat sich verkleinert.

Parties und Drogen

Der Drang nach Freiheit und das Bedürfnis, mit allem und jedem zu experimentieren, kann Anlaß zu Auseinandersetzungen zwischen Eltern und Kindern geben. Die Folge kann sein, daß sie sich voneinander entfernen. Die Pubertät ist aber ohnehin die Zeit, in der Eltern ihr Kind nach und nach loslassen müssen, denn wie könnte es lernen, Verantwortung zu übernehmen, wenn es nicht erfahren hat, was Freiheit ist. Dazu gehört auch, daß es sich unter Umständen ein paar Schrammen holt. Die Erziehung zu Freiheit und Verantwortung ist nicht ohne Risiko.

Es ist daher nicht vernünftig, seiner sechzehnjährigen Tochter zu verbieten, in eine Disco zu gehen oder, noch schlimmer, an einer Party bei Freunden teilzunehmen. Man kann mit ihr sprechen und auf Gefahren hinweisen, aber ein Kind des neuen Zeitalters wird sich die Freiheit im Bösen nehmen, wenn es sie nicht im Guten bekommt.

Techno-Parties und Discobesuche sind oft mit dem Gebrauch von Ecstasy verbunden, einer Droge mit doppelter Wirkung. Sie gibt mehr Energie und läßt psychische Hemmungen dahinschmelzen wie Schnee in der Sonne. Einsamkeit und Depressionen machen einem Gefühl der Verbundenheit und der überwältigenden Freiheit Platz. Der Trance-Effekt der ständig wiederholten dröhnenden Rhythmen kann sogar so etwas wie mystische Ekstase herbeiführen und das Gefühl erzeugen, daß alle Anwesenden in diesem Augenblick gemeinsam eine „Gruppenseele" bilden. Das wirkt wie eine Erinnerung an die Zeit, in der der Mensch noch Teil einer lichten, glücklichen Welt und alles mit allem verbunden war. Untersuchungen haben jedoch gezeigt, daß die wiederholte Einnahme von Ecstasy die Gehirnfunktionen schädigt, und zwar auf Dauer.

Mit zunehmendem Verantwortungsgefühl wird das Kind erkennen, daß diese durch Drogen hervorgerufenen Gefühle ein Surrogat sind, die nicht zum Wesen seiner Existenz gehören, da sie von außen künstlich erzeugt werden. Es wird sich dann klar darüber, daß die Drogen sein Wohlbefinden eher schädigen als aufbauen, daß das Gruppengefühl nicht echt ist und daß die mystische Ekstase als Farce bezeichnet werden muß. Das Streben des neuen Menschen nach Lebensfreude und Einssein mit der Natur ist der egoistischen Ekstase, die eine Droge erzeugt, nämlich diametral entgegengesetzt.

Depressionen

Übrigens haben längst nicht alle Kinder des neuen Zeitalters das Bedürfnis, sich auf diese Art kennenzulernen. Vor allem die paranormal begabten und sehr sensiblen Kinder haben im allgemeinen nichts für lärmende Veranstaltungen übrig und sondern sich eher ab. Bei diesen Kindern lauert eine andere Gefahr: überwältigende Depressionen.

Eine Depression entsteht häufig aus der Erkenntnis heraus, daß man etwas entbehrt. Diese Kinder haben ein immenses Bedürfnis nach Harmonie, und genau daran mangelt es. Die vage Erinnerung an ein Paradies, aus dem die Seele sich verstoßen wähnt, kann sehr lähmend wirken. Den Eltern fällt die Aufgabe zu, den Teufelskreis von Denken und Fühlen, in dem sich der Jugendliche befindet, vorsichtig zu durchbrechen.

Sport kann einen sozialisierenden Effekt haben und die Entwicklung der Chakren positiv beeinflussen, vorausgesetzt, der Faktor Leistung spielt dabei keine zu große Rolle. Viele Kinder des neuen Zeitalters sind künstlerisch sehr begabt. Bei ihnen kann Malen, Schreiben oder Bildhauerei ausgesprochen harmonisierend wirken. Auch ein Tagebuch kann förderlich für den Bewußtseinsprozeß sein. Und gerade um diesen geht es letzten Endes während der Pubertät. Der Mensch wird sich zunehmend seiner Aufgabe im Leben bewußt. Die Fortgeschrittenen unter den Kindern des neuen Zeitalters erkennen während ihrer Pubertät immer deutlicher, mit welchem Auftrag sie geboren wurden: Sie sollen sich einsetzen für das Wohlergehen von Menschheit und Erde und den Mitmenschen weiterhelfen auf ihrem spirituellen Weg, auch in Politik und Wirtschaft. Eine solche Aufgabe erfordert einen Sinneswandel, der selbstverständlich nicht ohne Mühen zu bewerkstelligen ist.

Der Prozeß des Sich-bewußt-Werdens endet bei den meisten Menschen nicht mit dem Abschluß der Pubertät. Es ist vielmehr ein Prozeß, der sich ein ganzes Leben lang fortsetzen sollte.

8 Konsequenzen für das Unterrichtswesen

Wendet man sich mit der Frage, was ihrer Meinung nach das Ziel des Unterrichts sei, an Leute, die auf die eine oder andere Weise mit dem heutigen Schulwesen zu tun haben, so bekommt man in neun von zehn Fällen zu hören: „Den Menschen zu einem vollwertigen Mitglied der Gesellschaft zu machen." Die Antwort auf die Frage, wann jemand als vollwertig in diesem Sinne zu betrachten sei, fällt ebenfalls ziemlich eindeutig aus: „Er ist es, wenn er in der Gesellschaft gut funktionieren und seinen Lebensunterhalt verdienen kann." Die Erziehung ist also in erster Linie eine intellektuelle. Die Prüfungsaufgaben in der Schule richten sich auf intellektuelle Kenntnisse und praktisch anwendbare Fertigkeiten. Es wird zwar auch Wert auf eine soziale Einstellung gelegt, aber niemand käme auf die Idee, den Kindern hierfür eine Note zu geben oder sie in irgendeiner Weise zu belohnen.

Das niederländische Unterrichtswesen ist an sich gut. Daran sollten wir keinerlei Zweifel aufkommen lassen. Zur Zeit ist es „in", die Schule zu kritisieren. Vor allem Außenstehende haben den Eindruck, daß früher alles viel besser war: Damals lernte man wenigstens noch was. Jetzt wird nur noch gelabert. Und wieviel Prozent Analphabeten haben wir am Ende der Grundschule? Man glaubt, daß sich unser Schulwesen einer zunehmenden Vereinfachung schuldig macht. Doch das ist sicher nicht der Fall. Verglichen mit vor fünfzig Jahren haben die Kinder heute viel mehr Möglichkeiten, sich zu entwickeln. Die Demokratisierung des Schulwesens hat die Chancen für unzählige Kinder, die früher keinerlei Aussicht auf eine höhere Bildung hatten, nur weil ihr Vater Arbeiter war, beträchtlich verbessert.

Doch genau in diesen erweiterten Möglichkeiten liegt auch die Gefahr. Die Eltern haben das Bedürfnis, ihre Kinder nach der Grundschule in die höchstmögliche Schulform überwechseln zu lassen. Wenn sie nach den Prüfungsergebnissen vielleicht noch die Realschule schaffen könnten, müssen sie das auf jeden Fall versuchen. Die Folge ist, daß sich viele Kinder sehr nach der Decke strecken müssen. Eigentlich ist das Niveau an der Schule zu hoch für sie, also bleiben sie sitzen, machen einen zweiten Versuch und springen dann mit knapper Not über den Graben, der sie von der nächsten Klasse trennt. Daß diese Situation für die Kinder frustrierend ist und auch zu Hause zu starken Spannungen führt, liegt wohl auf der Hand.

Manche Eltern gehen sogar so weit, daß sie die Wertschätzung ihres Kindes als Mensch von seinen schulischen Leistungen abhängig machen. Hier ist nicht das Schulsystem falsch, sondern die allgemeine Einstellung der Gesellschaft.

Selbstverständlich wird niemand Kritik an der Tatsache üben, daß die Schule junge Menschen zu vollwertigen Mitgliedern der Gesellschaft heranbildet, aber bei all dem fehlt eine wichtige Komponente. Ich halte es für notwendig, ergänzend so etwas wie eine geistig-seelische Ausbildung einzuführen, die zur sozialen Tauglichkeit führen soll und die intellektuelle Erziehung an der Schule um einen entscheidenden Faktor bereichern würde.

Daß der Akzent so sehr auf das Wohl des Einzelnen gelegt wird, nährt den ohnehin immer vorhandenen Egoismus. Dieses Wohl ist materiell ausgerichtet, also eher auf Wohlstand, auf Gewinn, auf ein reichlich belegtes Brot und auf alles, was zu einem von materiellen Sorgen freien Leben gehört. Ohne es zu wollen, fördert die Schule auf diese Weise die allgemeine Begehrlichkeit. Denn alles, in das wir Energie pumpen, nimmt an Umfang zu. Und so kann es leicht geschehen, daß zum Beispiel ein Professor aufgrund seiner besonderen intellektuellen Leistungen als gesellschaftlich angesehener Mann dasteht, obwohl er als Mensch ein absoluter Versager ist.

Die Betonung des Leistungsstrebens ist für die Kinder des neuen Zeitalters unannehmbar. Oft sind sie sehr intelligent und können bereits im Alter von fünf Jahren lesen. Weil sie anders sind, werden sie häufig gehänselt oder als Streber beschimpft und geben sich daher oft dümmer als sie eigentlich sind. Vor allem in der Pubertät wird die Schule für diese Kinder zu einer ständigen Qual. Der Leistungsdruck, das unerbittliche Notensystem und die Erkenntnis, daß die meisten Lehrer sich ausschließlich für Formung ihres Intellekts verantwortlich fühlen, führen dazu, daß die Schule sie anödet. Und eine solche Situation kann gerade in der Pubertät, wenn die Depressionen zuschlagen oder die Neigung zu experimentieren zunimmt, äußerst verhängnisvoll sein.

Die zukünftige Situation

Meine Kritik gilt zwar zum Teil auch dem heutigen Unterichtssystem, in erster Linie aber der Art, wie heute unterrichtet wird. Ich bin der Ansicht, daß nicht nur das Anhäufen von Wissen und der Erwerb von Fertigkeiten, die für den zukünftigen Wohlstand förderlich sind, in der Schule eine Rolle spielen sollten. Dem seelischen und emotionalen Wohlergehen der Kinder sollte mindestens ebensoviel Aufmerksamkeit geschenkt werden. Wichtige Begriffe in diesem Zusammenhang sind: soziale Einstellung, Einfühlungsvermögen, Ganzheit, Liebe, Altruismus, Ausgeglichenheit, kurzum die Integration von Seele und Persönlichkeit.

All das sind seelische oder emotionale Fähigkeiten – und sie sollten in der Schule gleichberechtigt neben den üblichen intellektuellen Fähigkeiten eingeübt werden. Es ist sonnenklar, daß die Rolle des Mannes oder der Frau, der oder die vor der Klasse steht, dabei von größter Bedeutung ist. Ein Lehrer, der Wärme ausstrahlt, übermittelt positive Gedankenformen, wodurch in einer Klasse eine grundlegend andere Atmosphäre entsteht, als das heute normalerweise der Fall ist. Aber leider ist der Lehrer selbst nur ein Glied in der Leistungskette. Von ihm wird erwartet, daß seine Schüler imstande sind, ein gutes Examen abzulegen. Daran arbeitet er. Das individuelle Wohlergehen der Kinder mag ihm sehr wohl am Herzen liegen, aber es obliegt nicht seiner Verantwortung. Dafür wird er nicht bezahlt.

Zuallererst muß sich dieser Aspekt des Unterrichts verändern, worauf bereits in der Lehrerausbildung zu achten sein wird. Hier wird ein Fach eingeführt werden müssen, das zum Beispiel „Persönlichkeitsbildung" heißen könnte. Der Unterricht in einem solchen Fach könnte zum Ziel haben, die oben genannten seelischen

Fähigkeiten auszubilden und praktisch einzuüben, denn der Einfluß, den ein Lehrer hat oder haben könnte, ist sehr viel größer, als er selbst sich oft klarmacht. Auch dessen wird sich ein Lehrer der Zukunft bewußt sein müssen. Es wird ihm gesagt werden müssen, was es mit den Kindern des neuen Zeitalters auf sich hat, und er wird sich darin üben müssen, diesem neuen Menschentyp mit Verständnis zu begegnen.

Auch in der Schule wird der Formung der Persönlichkeit Aufmerksamkeit geschenkt werden müssen. Im Kindergarten und in der Grundschule könnte dies zum Beispiel dadurch geschehen, daß man die Kinder in Gesprächen und Spielen mit unterschiedlichen Verhaltensmustern bekannt macht und sie auf ganz natürliche Weise veranlaßt, die Andersartigkeit ihrer Mitmenschen zu akzeptieren. Bei diesem Thema spielt übrigens der liebevolle Umgang zwischen Lehrer und Schüler die Hauptrolle.

Als weiteres neues Fach wäre die Entwicklung der Kreativität einzuführen, wobei der Begriff Kreativität sehr flexibel ausgelegt werden sollte. Das Kind könnte sich eigenen Bedürfnissen entsprechend durch Zeichnen, Malen, Anfertigen kleiner Skulpturen oder auch durch das Schreiben von Erzählungen und Gedichten entfalten. Auch an Musik, Rollenspiel und Tanz könnte in diesem Zusammenhang gedacht werden. Auch in den weiterführenden Schulen müßte es ein entsprechendes eigenständiges Fach geben, und natürlich müßte auch hier das Fach „Persönlichkeitsbildung“ auf dem Stundenplan stehen. Die Vision einer besseren Zukunft für Mensch und Erde könnte in einem Fach namens „Zukunftsvision“ Gestalt annehmen, wobei der Akzent nicht auf materiellem Wohlstand sondern eher auf emotionalem und seelischem Wohlergehen liegen müßte.

Natürlich sollten all diese Neuerungen nicht nur auf nationaler, sondern auch auf internationaler Ebene erarbeitet werden. Austauschprogramme könnten dazu beitragen, vollwertige Weltbürger heranzubilden.

Zukunftsmusik? Für manche vielleicht. Ich bin jedoch davon überzeugt, daß die anstehenden Veränderungen das Unterrichtswesen zwingen werden, sich anzupassen, denn der Mensch ist nicht für die Schule da, sondern die Schule für den Menschen. Und in dem Maße, in dem die Erwachsenen des neuen Zeitalters daran beteiligt sein werden, wird sich der Prozeß beschleunigen. Auch was die Schule angeht wird sich im einundzwanzigsten Jahrhundert einiges verändern.

Literatur

Bailey, Alice A.: „Eine Abhandlung über die sieben Strahlen" in *Die Strahlen und die Einwirkungen*, Bd. 5, Rohm, Bietigheim 1972

Bailey, Alice A.: *Eine Abhandlung über weiße Magie*, Rohm, Bietigheim 1987

Bailey, Alice A.: *Esoterisches Heilen*, Rohm, Bietigheim 1983

Bailey, Alice A.: *Die geistige Hierarchie tritt in Erscheinung*, Rohm, Bietigheim 1978

Burningham, Sally (Hrsg.): *The Supernatural*, Aldus Books, London 1976

Busch, Martine: *Waar haalt hij het vandaan? Omgaan met paranormale ervaringen* (Wie kommt er darauf? Umgang mit paranormalen Erfahrungen), Rotterdam 1992

Capra, Fridjof: *Wendezeit. Baustein für ein neues Weltbild*, dtv, München, Neuaufl. 1992

Doyle, Arthur Conan: *The Coming of the Fairies*, Psychic Press, London 1928

Ferguson, Marilyn: *Die sanfte Verschwörung: persönliche und gesellschaftliche Transformation im Zeitalter des Wassermanns*, Droemer-Knaur, München 1984

Fraiberg, Selma H.: *Die magischen Jahre. Familiäre*

Beziehungen in der frühen Kindheit, Hoffmann & Campe, Hamburg 1996

Khan, Hazrat Inayat: *The Soul, Whence and Whither*, East-West Publications, London 1984

Jager, Berend: *De tuinen van licht* (Die lichtvollen Gärten), Eeserveen 1995

Jager, Berend: *Reis door de sferen* (Reise durch die Sphären), Eeserveen 1996

Kitzinger, Sheila: *Mit Kindern sprechen über Gott und die Welt*, C. H. Beck, München 1992

Klink, Joanne: *Früher – als ich groß war. Reinkarnationserinnerungen von Kindern*, Aquamarin, Grafing, 3. Aufl.1995

Lauren, Phoebe: *Worden wie je werkelijk bent* (Werden, was wir wirklich sind), Ankh-Hermes, Deventer 1994

Lauren Phoebe: *Wijsheid von een Sterrenkind* (Weisheit eines Sternenkindes), Ankh-Hermes, Deventer 1997

Leadbeater, C.W.: *Hidden Side of Things*, Theosphic Publication House, 1994

McLean, Dorothy: *Du kannst mit Engeln sprechen*, Heyne, München 1997

Meurois-Givaudan, Anne u. Daniel: *Die neun Schritte ins Leben. Der Initiationsweg zur Geburt*, Hugendubel, München, 2.Aufl. 1995

Meurois-Givaudan, Anne u. Daniel: *Stationen eines Abschieds. Wegweiser auf der letzten Reise*, Hugendubel, München 1995

Nieuwetijdskinderen (Kinder des neuen Zeitalters), Broschüre der „Platform Nieuwetijdskinderen", Januar 1998

Payne, Phoebe D./Bendit, Laurence J.: *Our Psychic Sense,* Theosophic Publication House, 1967

Pogacnik, Marko: *Elementarwesen. Die Gefühlsebene der Erde,* Knaur, München 1995

Rijntjes, Paulus/Jager, Berend: *Wat is er toch met Marloes?* (Was hat Marloes nur?), Ankh-Hermes, Deventer 1995

Scott, Cyril: *Der Junge mit den lichten Augen,* Aquamarin, Grafing 1995

Snow, Chet B.: *Zukunftsvisionen der Menschheit. Apokalypse oder spirituelles Erwachen. – Wir haben die Wahl,* Ariston, Kreuzlingen 1991

Steiner, Rudolf: *Theosophie. Einführung in übersinnliche Weltkenntnis und Menschenbestimmung,* Steiner, Dornach 1995

Steiner, Rudolf: *Wie erlangt man Erkenntnisse der höheren Welten?,* Steiner, Dornach 1995

Steiner, Rudolf: *Pfingsten, das Fest der freien Individualität,* Steiner, Dornach 1959

Tielze, H.G.: *Signalen uit de Moederschoot* (Signale aus dem Mutterschoß), Haarlem 1983

Verny, Dr.med. Thomas/Kelly, John: *Das Seelenleben des Ungeborenen,* Rogner & Bernhard, Hamburg, bei Zweitausendeins, 1982

Warnaar, Han/Hafkamp, Koos: *Wegen en dwaalwegen van de Nieuwe Tijd* (Wege und Irrwege der neuen Zeit), Ankh-Hermes, Deventer 1990

Information und Kontakt

Platform Nieuwetijdskinderen
Wolfsteeg 8
NL-3864 MR Nijkerkerveen